『システム英単語〈5
Stage 1 (Fundamental Stage)・Stage 2

「システム英単語 カード I」の効果的な使い方

英語を最短でおぼえるカード学習法

日本ではカード学習をしている人はあまり多くないかもしれませんが，アメリカでは外国語学習のためにカードを使うのが当たり前だそうです。また，さまざまな実験において《英語＋日本語訳》を同時に見るより，カードのように《英語＝？》,《日本語訳＝？》という形式で確認してゆく方が，すばやく長期記憶を作ることができると言われています。もちろん個人差はありますが，もしあなたがカード学習に向いているなら，４，５回ほどカードをチェックすれば，８割程度の単語の意味が１秒以内に言えるようになるでしょう。コツはたった１つ，カードを見たら必ず英語を声に出してください。

最小（minimal）の時間と労力で最大（maximal）の効果をあげよう！

このカードに収録されたminimal phrasesは，単なる例文ではありません。ひとつひとつの単語の使われ方を，およそ10,000回の入試問題の英文と，４億語の生きた英文データにもとづいて徹底解析し，選びぬいたものです。一見短いこのフレーズには，その単語の**もっともよく使われる語形**，**もっともよく結びつく前置詞**，**もっともよくつく修飾語**などの重要な情報がたくさん含まれています。また，それらの知識を学ぶときにじゃまになるような不要な語句は徹底的に省かれています。いわば**現代英語の濃縮エキス**です。**この意味・この形**でおぼえることは，最強の単語力獲得への最短距離です。

大好評のポイントチェッカー，語法Q&Aも収録，（　）埋め問題対策も万全

それぞれの単語には，おぼえるときの「ツボ」があります。シス単カードでは，**「語法をまちがえやすい」**，**「派生語の形がむずかしい」**，**「熟語に言いかえる問題が多い」**などの，「ツボ」となる知識もいっしょにチェックできるように，**ポイントチェッカー**，**語法Q＆A**を収録しました。またその単語とよく結びつく重要語や，to不定詞，Vingなどの語形，接続詞のthatなどは，フレーズの中で青字になっています。**出題の頻度が高い前置詞や特に重要なコロケーションなどは（　）になっているので**，穴埋め問題感覚でおぼえられます。

システム英単語カード　基本的な使い方と「コツ」

カードの強みは，おぼえたい単語だけをぬきだせること，そしておぼえる順番を変えられることです。この長所を最大限に生かしてあなたの語彙力を飛躍させてください。

まず，おぼえたいステージのカードを切りはなし，品詞セクションごとにセットにしてリング（文房具店などにあります）やひもなどをカードの穴に通し，ばらばらにならないようにまとめます。そのとき各ステージのセクション別の表紙用カードがついていますから，これを各セットの最初に入れておけば整理に便利です。おぼえる作業をするときは，カードにリングをつけたままでもいいですが，下の説明**4**のやり方のように，リングをはずしてカードの順番を変えながらおぼえると効率が上がるでしょう。

1 あなたにとって最適なサイズを見つけよう

まず，おぼえたいステージのおぼえたい範囲を決めましょう。1日最低でも20枚，できれば50枚を目標にしましょう。

2 ミニマル・フレーズを声に出して，瞬時に意味を考えましょう

すぐに意味が浮かんだら合格です。（　）や アク? 名? などのポイントチェッカー，語法Q などがあるときはその答えも考えましょう。ただし，単語やフレーズの記憶に専念するときは，これらはあまり気にしなくてもいいでしょう。

3 裏面を見てフレーズの訳を確認しましょう

ポイントチェッカー，語法Q の答えもチェックしましょう。

4 カードをうしろにまわします

正解できたら，そのカードをセットの一番下にまわしましょう。時間がかかりすぎたり，まちがえたりしたときは，**セットの中ほどにカードをさしこみましょう**。難しいカードは**中ほどよりもっと上にさしこむのがコツ**。こうするとそのカードがまたすぐ出てくるので，すぐに復習ができます。正解したカードをどんどん抜いていき，**できないカードだけにしぼって反復する**のもいいでしょう。難単語も４，５回やればイメージができるはずです。

その他の学習のヒント

★「日本語 ➡ 英語」でパワーアップ

英語のフレーズを見てすぐに意味が浮かぶようになったら，今度は逆に日本語の面を見て英語のフレーズを浮かべるトレーニングに挑戦しましょう。声に出したり，紙に書くのもいいでしょう。英語のフレーズをおぼえてしまえば，長期記憶にとどまりやすく，英作文の力にも大きなプラスになります。

★単語の訳だけおぼえる

このカードでは，ミニマル・フレーズの中心となる単語とその訳は青の大きな活字で印刷されています。フレーズでおぼえてしまったので単語だけで記憶を確かめたいという人は，カードを目から遠ざけ，この大きな青字だけを見ながらチェックしてみてください。

★余白を生かそう

カードにはかなりゆったりとした余白がとってあります。正解・不正解のチェックマーク，メモ，あなたが考えたポイントチェッカーやQ&Aなどを余白にどんどん書きこんで，あなただけのオリジナルなカードにしてください。

★反復で「過剰学習効果」を生みだそう

単語の知識を定着させるには，とにかく反復が大事です。「もう完全におぼえたな」と思っても，さらに2回，3回とチェックをくり返しましょう。こうすることで短期記憶が長期記憶モードへと移っていくのです。これを「過剰学習効果」と言います。

★書籍版でさらにくわしい知識を確認

カードにはミニマル・フレーズとポイントチェッカー，語法Q&Aのほか，重要な別の意味や短い語法の解説なども入っていますが，カードをマスターしたら，『システム英単語〈5訂版〉』でさらにくわしい意味や語法を学ぶことをおすすめします。

☆ カードの構成 ☆

● エントリー
１段目：stage 名
２段目：品詞（他には具体的な品詞が明記）
例：Fundamental Stage 動詞のエントリー。

● ミニマル・フレーズ
中心となる単語と日本語訳は青字(大)。出題頻度が高い前置詞や特に重要なコロケーションなどは，（　）の穴埋めまたは青字。

● 単語番号
書籍と共通の単語番号。

表

F E A F S
動 名 形 副 他

47

compare Japan (　) China

多義　名?
Q　Life is compared (　) a voyage.

● 「ポイントチェッカー」… その単語の，特に重要な派生語や反意語・同意語，出題頻度の高い発音・アクセントについてチェック！
● 「語法Q&A」… その単語の語法や意味に関する重要事項をチェック！
● 多義 … 重要な意味が２つ以上あり，注意が必要なものをチェック！（フレーズで使われている意味以外を裏面に記載）

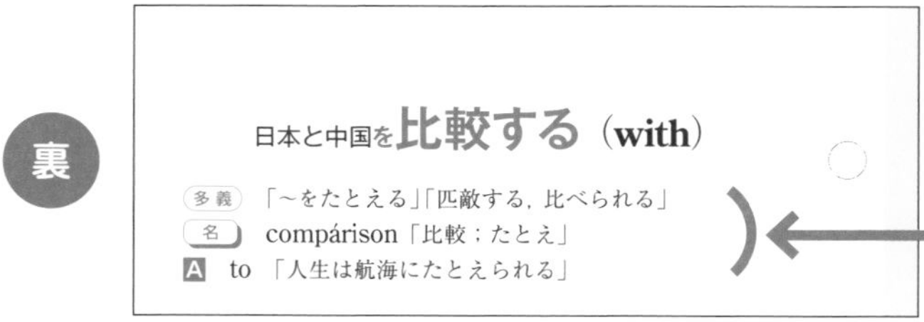

裏

日本と中国を比較する（with）

多義　「～をたとえる」「匹敵する，比べられる」
名　compárison「比較；たとえ」
A　to 「人生は航海にたとえられる」

● 答えを自分で考えてから，裏面の解答や解説を確認！

記号の意味

動? 動詞形は何ですか？　名? 名詞形は何ですか？　形? 形容詞形は何ですか？
副? 副詞形は何ですか？　同? 同意語は何ですか？　反? 反意語は何ですか？
同熟? 同じ意味を表す熟語を答えなさい。　アク? アクセントはどこにありますか？
発音? （下線部を）どう発音しますか？（黙字の一部を除き，単語に下線があります。答えの動詞の発音記号は原形で示しています）　多義 重要な意味が２つ以上あるので注意。

動：動詞　名：名詞　形：形容詞　副：副詞　接：接続詞　前：前置詞
＝：同意語　⇔：反意語　例：例文　諺：ことわざ　◇：派生語・関連語
◆：熟語・成句　［　］：直前の語と入れ替え可　（　）：省略可能

巻末に，予備のカードと各ステージのセクション別の表紙用カードがあります。自分なりにカードを分類し，オリジナルの表紙をつけるのもよいでしょう。

1

follow her advice

多義

君がすぐ着くことを**予期する**（to）

A 「平均寿命」

2

consider the problem seriously

形？

Q I considered about his proposal. はなぜだめ？

真実を語る**決意をする**（to）

名 decísion「決意，決定」

F E A Fi 多
動 名 形 副 他

3

increase（　）20%

反？

特異な能力を**発達させる**

名 devélopment「発達，成長，開発」

F E A Fi 多 / 動 名 形 副 他

4

expect you (　) arrive soon

Q life expectancy の意味は？

彼女の助言に**従う**

多義 「〜（の後）に続く」

F E A Fi 多 / 動 名 形 副 他

5

decide (　) tell the truth

名?

真剣にその問題を**考える**

形 consíderate「思いやりのある」

A consider は他動詞なので about は不要。
cf. I thought about his proposal.

F E A Fi 多 / 動 名 形 副 他

6

develop a unique ability

名?

20%**増加する**（by）

反 decréase「減る；〜を減らす　名 [ˊ ―] 減少」

7

provide him (　　) information

接続詞にすると？

黙った**ままでいる**

8

continue (　　) grow fast

山頂に**達する**

A 「～に着く」の意味でのreachは他動詞だから，toは不要。

9

The list **include**s his name.

反？

彼に外出を**許可する**（to）

発音 [əláu]

同 permít, let　反 forbíd「～を禁ずる」

A forgiveは「〈過ち・人など〉を許す」

F E A Fi 多
動 名 形 副 他

10

remain silent

彼に情報を**与える**（**with**）

接続詞にすると　províded「もし～ならば（= if）」
= províding

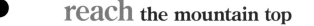

F E A Fi 多
動 名 形 副 他

11

reach the mountain top

Q　We reached to the hotel. の誤りは？

急速に成長し**続ける**（**to**）

F E A Fi 多
動 名 形 副 他

12

allow him (　　) go out

発音？　同？（2つ）　反？

Q　forgive とどう違う？

リストは彼の名前を**含んでいる**

反　exclúde「～を除外する」

13

be **forced** (　　) **work**

新しいやり方を**提案する**

(多義) 「～をほのめかす」

A ②「彼がそこに行くよう提案した」「提案する」の意味のときは，that節中に，原形Vか，should + Vを使う。ただし「ほのめかす」の意味の時は，that節中は普通の時制。

F E A Fi 多
動 名 形 副 他

14

offer help (　　) **the poor**

(アク?)

もっと注意を**必要とする**

F E A Fi 多
動 名 形 副 他

15

realize the error

(多義) 例 realize your dream

お金のことを**心配する**（**about**）

A He worried me.　「彼は私に心配をかけた」
He worried about me.　「彼は私のことで心配した」

F E A Fi 多
動 名 形 副 他

16

suggest a new way

働くよう**強制される**（to）

多義

Q I suggested that he (　) there.　①went　②go

F E A Fi 多
動 名 形 副 他

17

require more attention

貧しい人に援助を**申し出る**（to）

アク　[ɑ́fər]

F E A Fi 多
動 名 形 副 他

18

worry (　) money

まちがいを**悟る**

Q He worried me. と He worried about me. の違いは？

多義　例「君の夢を実現する」

19

wonder where he has gone

◆ (it is) no wonder (that) ～

すべては彼**しだいだ**（on）

形 depéndent「依存する」

A 「それは状況しだいだ」 It (all) depends. も同意。

20

The car cost me $50,000.

発音？

例 The accident cost him a leg.

友人と部屋を**共有する**（with）

21

tend (　　) get angry

名？

もっと自由を**要求する**

A ＋O＋to Vの形はない。I demanded that she (should) tell me the truth. ならOK。

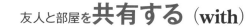

F E A Fi 多 / 動 名 形 副 他

22

Everything depends (　) him.

形？

Q That depends. の意味は？

彼はどこに行ったのかと（疑問に）思う

◆「～は不思議ではない；当然だ」

F E A Fi 多 / 動 名 形 副 他

23

share a room (　) a friend

その車には5万ドルかかった

発音 [kɔ́(:)st]

例「事故が彼の片足を奪った」

F E A Fi 多 / 動 名 形 副 他

24

demand more freedom

Q I demanded her to tell me the truth. はなぜ誤りか？

腹を立てがちである（to）

名 téndency「傾向，癖」

25

support the president

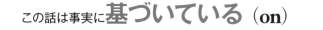

多義 例 support one's family
support the theory

この話は事実に**基づいている**（on）

形 básic「基礎的な」

F E A Fi 多
動 名 形 副 他

26

hire many young people

生活状態を**向上させる**

F E A Fi 多
動 名 形 副 他

27

regard him (　　) a friend

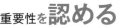

重要性を**認める**

アク [rékəgnaiz] 名 recogníton「認識，承認」
例「すぐにトムだとわかった」

28

F E A Fi 多
動 名 形 副 他

This story is based ( ) fact.

形？

大統領を**支持する**

多義 例「家族を養う」
「理論を立証する」

29

F E A Fi 多
動 名 形 副 他

improve living conditions

多くの若者を**雇う**

30

F E A Fi 多
動 名 形 副 他

recognize the importance

アク？ 名？

例 I recognized Tom at once.

彼を友達と**みなす**（as）

31

notice the color change

形？

コーヒーよりお茶を**好む**（to）

アク [prifə́ːr]
名 préference「好み；好物」
形 préferable アク「より好ましい，ましな」

32

You are supposed (　　) wear a seat belt.

◆Suppose (that) ～

患者たちを**元気づける**（up）

形 chéerful「陽気な」

33

raise both hands

多義

ひどい損害を**受ける**

◆「A（病気など）で苦しむ」

34

prefer tea (　　) coffee

アク？　名？　形？

色彩の変化に**気づく**

形　nóticeable「目立つ，著しい」

F E A Fi 多
動 名 形 副 他

35

cheer (　　) the patients

形？

シートベルトを締める**ことになっている**
(to)

◆「もし～だとしたら（どうだろう）」

F E A Fi 多
動 名 形 副 他

36

suffer heavy damage

◆suffer from A

両手を**上げる**

多義　「～を育てる（= bring up）」
「〈問題など〉を提起する」

37

describe **the lost bag**

名?

塩を砂糖と**まちがえる** (**for**)

形 mistáken「誤った，まちがっている」

F E A Fi 多 動 名 形 副 他

38

prevent **him** (　　) **sleeping**

客のために部屋を**準備する** (**for**)

名 preparátion「準備，用意」

F E A Fi 多 動 名 形 副 他

39

reduce **energy costs**

多義 例 be reduced to poverty

名?

子供に読書を**すすめる** (**to**)

反 discóurage「〈人〉のやる気をそぐ」

40

mistake salt (　) sugar

形?

なくしたバッグの**特徴を言う**

名 descríption「描写，説明」

F E A Fi 多
動 名 形 副 他

41

prepare a room (　) a guest

名?

彼が眠るのを**さまたげる**（**from**）

42

encourage children (　) read

反?

エネルギー費を**減らす**

多義 例「貧乏になる」

名 redúction「減少，削減，割引」

43

prove (　) be **true**

多義　名?

ストレスと**関係のある**病気

44

treat **him like a child**

Q This is my treat. の意味は？

日本と中国を**比較する**（**with**）

多義 「～をたとえる」「匹敵する，比べられる」

名 compárison「比較；たとえ」

A to 「人生は航海にたとえられる」

45

establish **a company**

例 a research establishment
the medical establishment

テーブルクロスを**広げる**

発音 [spréd]

46

F E A Fi 多
動 名 形 副 他

stress-related illness

本当だと**わかる**（to）

多義 「～を証明する」
名 proof「証拠，証明」

47

F E A Fi 多
動 名 形 副 他

compare Japan（　）China

多義 名？
Q Life is compared（　）a voyage.

子供みたいに彼を**あつかう**

A 「これは僕のおごりだ」

48

F E A Fi 多
動 名 形 副 他

spread the tablecloth

発音？

会社を**設立する**

例「研究施設」
「医学界」

49

What does this word
refer ( )?

アク? 名?

森林を**破壊する**

名 destrúction「破壊，破滅」

F E A Fi 多
動 名 形 副 他

50

supply the city ( ) water

全ての場合に規則を**当てはめる (to)**

多義「申し込む」
名 applicátion「応用，適用；申し込み」
ápplicant「志願者，応募者」

F E A Fi 多
動 名 形 副 他

51

gain useful knowledge

警察に助けを**求める**

52

destroy forests

名？

この語は何を**指示する**か (**to**)

アク [rifə́ːr]

名 réference「言及；参照」

F	E	A	Fi	多
動	名	形	副	他

53

apply the rule (　) every case

多義　名？(2つ)

その都市に水を**供給する** (**with**)

F	E	A	Fi	多
動	名	形	副	他

54

seek help from the police

有益な知識を**得る**

F E A Fi 多
動 名 形 副 他

55

search ( ) the stolen car

希望を捨てるのを**拒む**（to）

Q search him と search for him の違いは？

名 refúsal「拒否，拒絶」

F E A Fi 多
動 名 形 副 他

56

He claims that he saw a UFO.

質問に**答える**（to）

多義

名 respónse「返答（= answer），反応」

57

draw a map

二度とそのことを**口にする**な

多義

58

refuse (　) give up hope

名?

盗難車を**捜す** (for)

A　search A「Aという場所を探る」; search for A「Aを捜し求める」だから, search him「彼のボディチェックをする」, search for him「彼を捜す」となる。

59

respond (　) questions

名?

彼はUFOを見たと**主張する**

多義　「～を（当然の権利として）要求する」

60

Never **mention** it again.

地図を**描く**

多義　「～を引っぱる」

61

F E A Fi 多 動 名 形 副 他

judge a person (　) his looks

名?

時代の気分を**反映する**

多義 (+ on A)「Aについてよく考える」

62

F E A Fi 多 動 名 形 副 他

The plane is approaching Chicago.

多義 例 approach the problem

Q He approached to me. はなぜだめ？

仕事を**遂行する**

名 perfórmance「①遂行，実行　②演技，上演　③性能；できばえ，成績」

63

F E A Fi 多 動 名 形 副 他

I admit that I was wrong.

多義 同? 名?

Q 目的語となる動詞の形は？

すごく**退屈な**映画

A He is bored. は「彼は退屈している」，He is boring. は「彼はつまらない人間だ」。

64

reflect the mood of the times

多義

人を外見で**判断する**（by）

名 júdgment「判断」

65

perform the job

名？

飛行機はシカゴに**接近している**

多義 例「問題に取り組む」

A 前置詞不要。He approached me. が正しい。

66

a very boring movie

Q He is bored. とHe is boring. はどう違う？

自分がまちがっていたと**認める**

多義「〈人〉の入場［入学］を許可する」

同 acknówledge「～を認める」

名 admíssion「入学（許可），入場（料），入会（金）」

A Ving（動名詞）。admit to Vは不可。

67

survive in the jungle

名？

自由を**当然と考える**（for）

多義　例「許可を与える」

68

Words **represent** ideas.

アク？　同熟？

データは彼が正しいことを**示す**

69

argue that he is right

名？

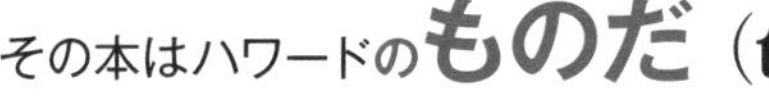

その本はハワードの**ものだ**（to）

A belongは進行形にならない。I belong to the club. が正しい。ただし，I'm a member of the club. / I'm in the club. の方が自然な英語。

F E A Fi 多 / 動 名 形 副 他

70

take **freedom** (　　) **granted**

(多義) 例 grant permission

ジャングルで**生き残る**

(名) survíval「生存，生き残ること」

F E A Fi 多 / 動 名 形 副 他

71

The data indicate that he is right.

言葉は考えを**表す**

(アク) [reprizént]
(同熟) stand for

F E A Fi 多 / 動 名 形 副 他

72

The book belongs (　　) Howard.

Q I'm belonging to the club. の誤りは？

彼は正しいと**主張する**

(名) árgument「議論，主張，論争，口論」

F E A Fi 多
動 名 形 副 他

73

acquire a language

名？

現実から**逃避する**（from）

F E A Fi 多
動 名 形 副 他

74

reply（　）his letter

古い制度に**取って代わる**

同熟　take the place of

F E A Fi 多
動 名 形 副 他

75

feed a large family

驚くべき事実を**明らかにする**

名　revelátion「暴露，発覚；新発見」

76

escape ( ) reality

言語を**習得する**

名 acquisítion「習得」

77

F E A Fi 多
動 名 形 副 他

replace the old system

同熟？

彼の手紙に**返事をする（to）**

78

F E A Fi 多
動 名 形 副 他

reveal a surprising fact

名？

大勢の家族を**養う**

79

Japan is surrounded by the sea.

アジア市場を**ねらう**（at）

F E A Fi 多
動 名 形 副 他

80

The job suits you.

Q The shoes (　) you well.　①match　②suit

家族のためにお金を**かせぐ**

81

the estimated population of Japan

アク?　例 an estimated 70 percent

Q underestimateの意味は？

記憶力が**低下し**始めた

多義 「～を辞退する」

82

aim (　　) the Asian market

日本は海に**囲まれている**

F E A Fi 多
動 名 形 副 他

83

earn money for the family

その仕事は君に**合っている**

形 súitable「適した，ふさわしい」
A② 「その靴は君に似合う」
「物が人に似合う」でmatchは不可。

F E A Fi 多
動 名 形 副 他

84

My memory began to **decline.**

多義

日本の**推定**人口

アク [éstəmeit] 例「およそ70パーセント」
A 「～を過小評価する」

85

can't **afford** (　　) **buy a Ford**

国によって**変わる**

例 affordable housing

形 várious「さまざまな」
váried「さまざまな，変化に富んだ」

F E A Fi 多
動 名 形 副 他

86

be **confused** by her anger

カバーを**取り除く**

多義　名？

F E A Fi 多
動 名 形 副 他

87

graduate (　　) **high school**

フランスに行くと**言い張る**（on）

88

F E A Fi 多
動 名 形 副 他

vary from country to country

形？ (2つ)

フォードの車を買う**余裕がない**（to）

例「手ごろな価格の住宅」

89

F E A Fi 多
動 名 形 副 他

remove the cover

彼女の怒りに**当惑する**

多義 「～を混同する」

名 confúsion「混乱，混同，当惑」

90

F E A Fi 多
動 名 形 副 他

insist (　　) going to France

高校を**卒業する**（from）

F E A Fi 多
動 名 形 副 他

91

examine every record

同熟？（3つ）

彼に危険を**警告する**（of）

F E A Fi 多
動 名 形 副 他

92

remind him（　）the promise

コンピュータをインターネットに**つなぐ**（to）

F E A Fi 多
動 名 形 副 他

93

contribute（　）world peace

多義

Q CO_2 contributes to global warming. の意味は？

力で彼に**匹敵する**

多義 例「その靴は君の服に合っている」
「Aにかなわない」

94

warn him (　) the danger

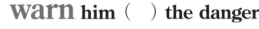

あらゆる記録を**調べる**

同熟　look into, go into, go over

F E A Fi 多
動 名 形 副 他

95

connect the computer (　) the Internet

彼に約束を**思い出させる**（of）

F E A Fi 多
動 名 形 副 他

96

match him in power

多義　例 The shoes match your dress.
be no match for A

世界平和に**貢献する**（to）

多義　（+ A to B）「AをBに寄付する，提供する」
A 「CO_2 は地球温暖化の一因だ」

F E A Fi 多
動 名 形 副 他

97

focus ( ) the problem

健康は幸福と**関連している**（with）

F E A Fi 多
動 名 形 副 他

98

reject the proposal

病院へ**急いで行く**

反？

Q reject the proposal = ( ) ( ) the proposal

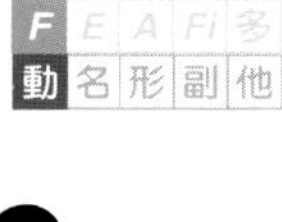

F E A Fi 多
動 名 形 副 他

99

convince him that it is true

情報の必要性を**強調する**

名？

F E A Fi 多 / 動 名 形 副 他 100

Health is associated (　　) happiness.

その問題に**焦点を合わせる**（on）

F E A Fi 多 / 動 名 形 副 他 101

rush into the hospital

提案を**拒否する**

反 accépt「～を受け入れる」

A reject = turn down「申し出を断る」

F E A Fi 多 / 動 名 形 副 他 102

stress the need for information

それは本当だと彼に**確信させる**

名 convíction「確信」

F E A Fi 多
動 名 形 副 他

103

attract his attention

新しいシステムを**採用する**

形？

F E A Fi 多
動 名 形 副 他

104

rely (　　) their power

ピンをよく**振る**

形？

F E A Fi 多
動 名 形 副 他

105

regret leaving home

彼女の気持ちを**傷つける**

Q I regret to say that～は？

発音 [hə́ːrt]

106

adopt a new system

彼の注意を**引きつける**

形 attráctive「魅力的な」

F E A Fi 多 / 動 名 形 副 他

107

shake the bottle well

彼らの力に**頼る**（on）

形 relíable「信頼できる，当てになる」

F E A Fi 多 / 動 名 形 副 他

108

hurt her feelings

発音？

家を出たのを**後悔する**

A 「残念ながら～です」
「言ったことを後悔する」ではない。

109

operate **a computer with a mouse**

多義 例 U.N. peacekeeping operations

その本は6課で**構成されている**（**of**）

同熟 be composed of, be made up of

110

Exercise extends life.

名？ 形？

彼らを**説得して**帰らせる（**to**）

名 persuásion「説得」

形 persuásive「説得力のある」

F E A Fi 多
動 名 形 副 他

111

blame others (　　) the failure

Q Who is to blame for the accident? を訳せ。

彼女の仕事に**感嘆する**

形 ádmirable アク「賞賛すべき，立派な」

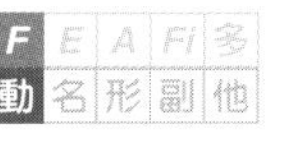

F E A Fi 多 / 動 名 形 副 他

112

The book consists ( ) six lessons.

同熟? (2つ)

マウスでコンピュータを**操作する**

多義 「〈機械などが〉作動する」「手術する（+ on）」

例「国連平和維持活動」

F E A Fi 多 / 動 名 形 副 他

113

persuade them ( ) go back

名? 形?

運動は寿命を**延ばす**

名 extént「程度，範囲」

形 exténsive「広範囲な」

F E A Fi 多 / 動 名 形 副 他

114

admire her work

形?

失敗を他人の**せいにする**（for）

A 「事故の責任はだれにあるのか」

F E A Fi 多 動 名 形 副 他

115

be disappointed ( ) the test results

自由になろうと**もがく**（to）

F E A Fi 多 動 名 形 副 他

116

expand business overseas

会議の**手はずを整える**

発音 [əréindʒ]

多義 例「単語を正しい順に並べる」

F E A Fi 多 動 名 形 副 他

117

preserve forests

彼の睡眠を**さまたげる**

名 distúrbance「混乱，妨害」

118

F E A Fi 多 / 動 名 形 副 他

struggle (　　) **get free**

試験の結果に**失望する** (**with**)

119

F E A Fi 多 / 動 名 形 副 他

arrange **the meeting**

発音？

多義　例 arrange words in the right order

海外へ事業を**拡大する**

120

F E A Fi 多 / 動 名 形 副 他

disturb **his sleep**

名？

森林を**保護する**

F E A Fi 多
動 名 形 副 他

121

employ foreign workers

多義
Q employee と employer の違いは？

価格を**示す**

アク [displéi]
同 exhíbit, show

F E A Fi 多
動 名 形 副 他

122

engage (　) volunteer activities

数々の困難に**出会う**

同熟 come across, run into

F E A Fi 多
動 名 形 副 他

123

an abandoned pet

冗談で学生を**笑わせる**

形 amúsing「〈人にとって〉ゆかいな，楽しい（= funny）」
amúsed「〈人が〉おもしろがっている」

124

display prices

アク？ 同？ (2つ)

外国人労働者を**雇う**

多義 「〈方法・言葉など〉を用いる」(＝use)

A employee「従業員」, employer「雇い主」。
-eeは「～される人」。

125

encounter many difficulties

同熟？ (2つ)

ボランティア活動に**従事する** (in)

F E A Fi 多
動 名 形 副 他

126

amuse students with jokes

形？ (2つ)

捨てられたペット

127

Sorry to bother you, but ...

その問題に**頭を悩ませる**

多義　例 Don't bother to answer this letter.

F E A Fi 多
動 名 形 副 他

128

concentrate (　) what he is saying

彼の感情に**訴えかける**（to）

アク？

多義　「〈人〉を引きつける」

F E A Fi 多
動 名 形 副 他

129

adapt (　) a new culture

歌と踊りを**組み合わせる**

130

be **puzzled** by the problem

おじゃましてすみませんが…

多義 例「わざわざ返事を書かなくていい」

F E A Fi 多
動 名 形 副 他

131

appeal (　) his feelings

多義

彼の話に**集中する** (on)

アク [kánsəntreit]

F E A Fi 多
動 名 形 副 他

132

combine song and dance

新しい文化に**適応する** (to)

F E A Fi 多 / 動 名 形 副 他 133

delay his arrival

Q The bus delayed because of an accident. を訂正すると？

ごめんなさい

A ①過失・無礼をわびる時に「ごめんなさい」，②[？をつけて] 相手の言葉を聞き漏らして「もう一度言ってください」，③見知らぬ人に話しかける時に，「失礼ですが」。なお，I beg your pardon. も同様である。

F E A Fi 多 / 動 名 形 副 他 134

repair the car

海外から食料を**輸入する**

アク 動 [impɔ́ːrt]　名 [ímpɔːrt]
反 export「[— ´] ～を輸出する　名 [´ —] 輸出」

F E A Fi 多 / 動 名 形 副 他 135

a fascinating story

彼は親切だと**述べる**

形 remárkable「注目すべき，珍しい」

136

Pardon me.

Q Pardon (me). の3つの使い方は？

彼の到着を**遅らせる**

A The bus was delayed by an accident.
(The accident delayed the bus. も可)

F E A Fi 多
動 名 形 副 他

137

import food from abroad

アク？ 反？

車を**修理する**

138

remark that he is kind

形？

F E A Fi 多
動 名 形 副 他

139

reserve a room at a hotel

例 oil reserves

仕事から彼を**解放する**（from）

多義 例「CO_2を出す」

F E A Fi 多
動 名 形 副 他

140

at an **amazing** speed

アパートを**借りる**

F E A Fi 多
動 名 形 副 他

141

frightening experiences

病気から**回復する**（from）

名 recóvery「回復，取り戻すこと」

142

release him (　　) work

(多義) 例 release CO_2

143

F E A Fi 多
動 名 形 副 他

rent an apartment

144

F E A Fi 多
動 名 形 副 他

recover (　　) illness

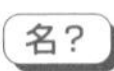

ホテルの部屋を**予約する**

例「石油の埋蔵量」

驚異的な速さで

ぞっとするような経験

145

I suspect that he is a spy.

名？ 形？

Q doubtとsuspectはどう違う？（+ that節のとき）

オフィスはその地域に**ある**（**in**）

F E A Fi 多 動 名 形 副 他

146

deliver a message（　　）
a friend

多義 例 deliver a speech

名？

車を**製造する**会社

アク [mænjəfǽktʃər]

F E A Fi 多 動 名 形 副 他

147

identify people by their eyes

多義

高い地位を**占める**

148

F E A Fi 多
動 名 形 副 他

The office is located (　) the area.

私は彼がスパイではないかと**思う**

名 suspícion「容疑，疑い」

形 suspícious「疑い深い；疑わしい」

A doubtはdon't believeに近く，suspectはsupposeに近い。

149

F E A Fi 多
動 名 形 副 他

a car manufacturing company

アク？

友人に伝言を**渡す**（to）

多義 例「演説をする」

名 delívery「配達」

150

F E A Fi 多
動 名 形 副 他

occupy a high position

目で人の**本人確認をする**

多義 「（+ with A）Aと共感する」

F E A Fi 多
動 名 形 副 他

151

own a house

彼の病気を**治す**（of）

F E A Fi 多
動 名 形 副 他

152

be **exposed** (　) danger

名?

危険に**気づく**

名 percéption「知覚；認識」

F E A Fi 多
動 名 形 副 他

153

translate a novel (　) English

新しい学校に**慣れる**（to）

F E A Fi 多
動 名 形 副 他

154

cure him (　) his illness

家を**所有している**

F E A Fi 多
動 名 形 副 他

155

perceive danger

名?

危険に**さらされる** (to)

名 expósure「露出，暴露」

F E A Fi 多
動 名 形 副 他

156

adjust (　) a new school

小説を英語に**翻訳する** (into)

F E A Fi 多
動 名 形 副 他

157

be **alarmed** by the noise

パーティを**台無しにする**

F E A Fi 多
動 名 形 副 他

158

assist him in his work

ギアを**変える**

159

a **frozen** stream

例 Freeze!

そのまちがいが**恥ずかしい**

160

spoil the party

その音に**ぎょっとする**

F E A Fi 多
動 名 形 副 他

161

shift gears

彼の仕事を**手伝う**

F E A Fi 多
動 名 形 副 他

162

be **embarrassed** by the mistake

凍った小川

例「動くな」

163

approve (　　) their marriage

反? 名?

会議に**参加する** (in)

名 participátion「参加」

A take part in A 「Aに参加する」

164

weigh 65 kilograms

多義 例 weigh one plan against another
The problem weighed on his mind.

ピカソの作品を**展示する**

発音 [igzíbit]

名 exhibition 発音 [eksəbíʃən]「展覧会，展示」

165

stretch my legs

私の成功はあなたの**おかげだ** (to)

166

participate ( ) the meeting

名？

Q participate in A = ( ) ( ) ( ) A

2人の結婚を**承認する**（of）

反 disappróve「〜に反対する」
名 appróval「賛成，承認」

167

F E A Fi 多 / 動 名 形 副 他

exhibit Picasso's works

発音？ 名？

65キロの**重さがある**

多義 例「ある計画と別の計画を比較検討する」
「その問題が彼の心を苦しめた」

168

F E A Fi 多 / 動 名 形 副 他

I owe my success ( ) you.

足を**広げる**

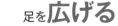

169

celebrate his birthday

ベンチで**座っている**

170

trees decorated (　) lights

Q 「彼女はテーブルに花を飾った」はShe decorated flowers on the table. でよいか？

その事故で**負傷する**

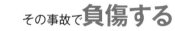

アク [índʒər]
名 ínjury「負傷，害」

F E A Fi 多 動 名 形 副 他

171

forgive him (　) being late

諺 To err is human, to forgive is divine.

ウエディングドレスを**縫う**

発音 [sóu]

172

be seated on the bench

彼の誕生日を**祝う**

173

be injured in the accident

アク？　名？

電球で**飾られた**木々（**with**）

A だめ。decorate flowersだと花に飾りをつけることになる。She decorated the table with flowers. が正しい。

174

sew a wedding dress

発音？

彼の遅刻を**許す**（**for**）

諺「過ちは人の常，許すは神のわざ」

175

the result of the test

Q Her illness resulted (　) hard work.

水車

多義 「(自動車の)ハンドル」

176

features of human language

教育に高い価値をおく

形 váluable「貴重な」

A valuelessは「無価値な」だが, invaluableは「評価できぬほど貴重な」の意。

177

the problems of modern society

多義 例 Japan Society for Science Education

形? (2つ)

二酸化炭素の温室効果

多義 「結果」= result

178

a water wheel

多義

テストの**結果**

A from 「彼女は働き過ぎで病気になった」
cf. Hard work resulted in her illness.

179

put a high value on education

形？

Q valueless と invaluable の違いは？

人類の言語の**特徴**

180

the greenhouse effect of CO_2

多義

現代**社会**の問題

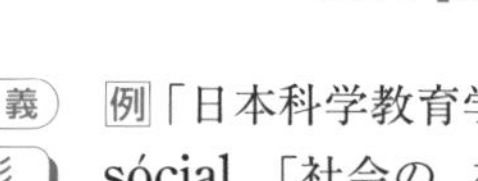

多義 例「日本科学教育学会」

形 sócial 「社会の，社交の」
sóciable「交際上手な，社交的な」

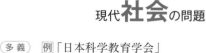

181

individuals in society

年40%の**割合**で（at）

多義　例「郵便料金」

F E A Fi 多
動 名 形 副 他

182

have a bad influence (　) children

アク？　形？

春の**きざし**

F E A Fi 多
動 名 形 副 他

183

charge a fee for the service

例 school fees

水道とガスの**事業**

多義　「業務，勤務」「サービス」

184

(　　) the **rate** of 40% a year

多義　例 postal rates

社会の中の**個人**

185

a **sign** of spring

子供に悪い**影響**を与える（on）

アク [ínfluəns]

形 influéntial「影響力のある，有力な」

186

F E A Fi 多 動 名 形 副 他

water and gas **service**

多義

サービス**料**を請求する

例「授業料」

187

advances ( ) technology

重**工業**の中心地

形？

Q in advance の意味は？

188

Laughter is the best medicine.

記録を破ろうとする**試み**（to）

189

produce new materials

アメリカとフランスの**貿易**

アク？

F E A Fi 多 動 名 形 副 他

190

a center of heavy **industry**

科学技術の**進歩**（**in**）

形 advánced「進歩した，上級の」

A 「前もって」(= beforehand)

F E A Fi 多 動 名 形 副 他

191

an **attempt**（　）break the record

笑いは最高の良薬だ

F E A Fi 多 動 名 形 副 他

192

US  **trade** with France

新しい**物質**を作る

アク [mətíəriəl]

F E A Fi 多
動 名 形 副 他

193

You've made progress ( ) English.

アク？

次の**一節**を読みなさい

多義　例「時間の経過」

F E A Fi 多
動 名 形 副 他

194

( ) an excuse to leave early

発音？

例 Please excuse me for being late.

市場**経済**

アク　[ikánəmi]

A economical「形 節約できる，安上がりの」
economic「形 経済の，財政の」

195

the custom of tipping

多義

ライオンの**足跡**

A truck [trʌ́k]　発音の違いに注意。

196

F E A Fi 多
動 名 形 副 他

Read the following passage.

多義 例 the passage of time

君の英語は**進歩**した（**in**）

アク 名 [prágres] 動 [prəgrés]

197

F E A Fi 多
動 名 形 副 他

the market economy

アク?
Q economical と economic の違いは？

早く帰るための**言い訳**をする（**make**）

発音 名 [ikskjú:s] 動 [ikskjú:z]
例「遅くなったことを許してください」

198

F E A Fi 多
動 名 形 副 他

the tracks of a lion

Q 物を運ぶ「トラック」は？

チップを払う**習慣**

多義 「(～ s) 税関」

199

use public transportation

レモンの**味**

諺「人の好みは説明できない」

A have good taste in clothes（senseは用いない）

200

a government official

広の情報

アク？

201

love at first sight

医者にする（**with**）

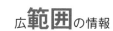

A promiseはある行為を実行する約束。appointmentは用事で人に会う時と場所を決めること。

多義

202

a taste of lemon

諺 There is no accounting for taste.

Q 「服のセンスがいい」は？

公共**交通機関**を使う

F E A Fi 多 / 動 名 形 副 他

203

a wide range of information

政府の**役人**

アク [əfíʃəl]

F E A Fi 多 / 動 名 形 副 他

204

make an appointment
(　　) the doctor

Q promiseとどう違う？

一目ぼれ

多義 「光景」「視力」

F E A Fi 多
動 名 形 副 他

205

a doctor and a patient

多義　反？（形容詞）

外見が違う

多義 「出現」

F E A Fi 多
動 名 形 副 他

206

a business project

例 the projected cost

お金を失う**危険**を冒す（**run**）

207

Would you (　　) me a favor?

形？（2つ）

仕事のコストと**利益**

形　beneficial「有益な」

208

differ in appearance

多義 「形 忍耐強い，しんぼう強い」

反 impátient「我慢できない，いらいらする」

209

( ) the risk of losing money

例「見積もった費用」

210

costs and benefits of the business

形？

頼みをきいてもらえませんか（do）

形 fávorite「大好きな 名 お気に入り」

fávorable「(人に) 好意的な，有利な」

211

residents of New York

ユニークな**特徴**

F E A Fi 多 動 名 形 副 他

212

their **relative**s and friends

多義

鋭い**痛み**を感じる

F E A Fi 多 動 名 形 副 他

213

a mountain **region**

一組の一卵性**双生児**（identical）

F E A Fi 多
動 名 形 副 他

214

unique **characteristic**s

ニューヨークの**住民**

F E A Fi 多
動 名 形 副 他

215

feel a sharp **pain**

彼らの**親戚**と友達

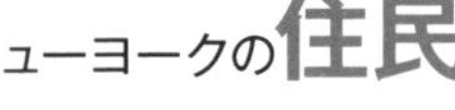

多義 「形 相対的な，比較上の」

F E A Fi 多
動 名 形 副 他

216

a pair of (　　) **twin**s

山岳**地方**

217

F E A Fi 多 動 名 形 副 他

( ) special **occasions**

君を助けるのが私の**義務**だ

多義 「関税」

218

F E A Fi 多 動 名 形 副 他

the **principle** of free trade

事故の**現場**

219

F E A Fi 多 動 名 形 副 他

the history **department**

多義

交通**渋滞**を避ける（traffic）

220

F E A Fi 多 / 動 名 形 副 他

It is my **duty** to help you.

多義

特別な**場合**に（on）

221

F E A Fi 多 / 動 名 形 副 他

the **scene** of the accident

自由貿易の**原則**

222

F E A Fi 多 / 動 名 形 副 他

avoid（　）**jam**s

歴史**学科**

多義 「（組織の）部門，課」「省」

223

the spirit of fair play

大勢の**観客**を集める

F E A Fi 多
動 名 形 副 他

224

the medium of communication

Q medium の複数形は？

最も重要な**要素**

多義 「元素」「(the elements) 自然の力，悪天候」
形 eleméntary「初歩の」

F E A Fi 多
動 名 形 副 他

225

mass production

多義 形？

地球規模の**気候**変動

F E A Fi 多 / 動 名 形 副 他

226

gather a large **audience**

フェアプレーの**精神**

F E A Fi 多 / 動 名 形 副 他

227

the most important **element**

多義　形？

コミュニケーションの**手段**

A media

F E A Fi 多 / 動 名 形 副 他

228

global **climate** change

大量生産

多義 「(the masses) 一般大衆」「(a mass of A) 多くのA」「かたまり」

形 mássive「大きくて重い，大規模の」

F E A Fi 多
動 名 形 副 他

229

the French Revolution

人間の**脳**

F E A Fi 多
動 名 形 副 他

230

the first quarter of this century

地球の**大気**中の二酸化炭素

多義 「雰囲気」
アク [ǽtməsfiər]

231

a room with little furniture

Q The room has few furnitures. はどこがいけない？

私有**財産**

232

F E A Fi 多
動 名 形 副 他

the human brain

フランス**革命**

233

F E A Fi 多
動 名 形 副 他

CO_2 in the earth's atmosphere

多義 アク?

今世紀の最初の**4分の1**

234

F E A Fi 多
動 名 形 副 他

private property

家具の少ない部屋

A furnitureは不可算名詞で，複数形がなくmany, fewもつかない。little furnitureが○。数えるにはa piece/pieces ofをつける。

235

a reward ( ) hard work

形？

砂漠の人影のない道

アク 名 [dézərt] 動 [dizə́ːrt]

A [dizə́ːrt] 「デザート」

236

national security

形？

経歴の違う人々

多義 例「できごとの背景」

237

give a cry of delight

Q delightfulとdelightedの違いは？

少子化の傾向 (toward)

238

F E A Fi 多 / 動 名 形 副 他

a deserted road in the desert

アク?

Q dessertの発音と意味は？

努力の**報酬**（for）

形 rewárding「やりがいのある」

239

F E A Fi 多 / 動 名 形 副 他

people from different backgrounds

多義 例 background to events

国家の**安全保障**

形 secúre「安全な，しっかりした」

240

F E A Fi 多 / 動 名 形 副 他

a trend (　　) fewer children

喜びの声をあげる

A delightful「形〈人を〉楽しませる」
delighted「形〈人が〉喜んでいる」

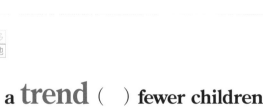

241

get 20% of the vote

他人との社会的**交流**（**with**）

F E A Fi 多
動 名 形 副 他

242

a negative impact（　）the environment

多義

石油の**代わりになるもの**（**to**）

発音　アク　[ɔːltə́ːrnətiv]

F E A Fi 多
動 名 形 副 他

243

educational institutions

多義

子供に**害**を与えない（**to**）

244

F E A Fi 多
動 名 形 副 他

social **interaction** (　) others

20%の**票**を得る

245

F E A Fi 多
動 名 形 副 他

an **alternative** (　) oil

発音？ アク？

環境に対する悪い**影響** (on)

多義 「衝撃，衝突」

246

F E A Fi 多
動 名 形 副 他

do no **harm** (　) children

教育**機関**

多義 「制度，慣習」

F E A Fi 多
動 名 形 副 他

247

a travel agency

多義 例 the Central Intelligence Agency

病院で働く**ボランティア**

アク [vɑləntíər]
形 vóluntary「自発的な，志願の」

F E A Fi 多
動 名 形 副 他

248

people's great capacity ( ) learn

同？

インターネットを**利用**できる（**to**）

アク [ǽkses]

F E A Fi 多
動 名 形 副 他

249

the Italian minister

ぼう大な**量**のデータ（**of**）

反 quálity「質」

250

a hospital **volunteer**

アク？ 形？

旅行**代理店**

多義 例「アメリカ中央情報局」

251

have **access** (　　) the Internet

アク？

人間のすばらしい学習**能力** (to)

同 abílity

252

large **quantities** (　　) data

反？

イタリアの**大臣**

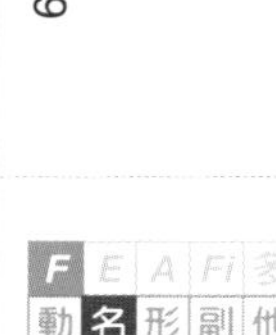

253

a branch (　　) science

多義

彼が勝つ可能性が高い (to)

254

a common language

多義

深刻な社会問題

255

a rough sketch

多義　発音?　反?

特有の性質

アク　[pərtíkjulər]

256

F E A Fi 多
動 名 形 副 他

He is likely (　　) win.

科学の一分野 (of)

多義 「枝」「支店，支局」

257

F E A Fi 多
動 名 形 副 他

serious social problems

共通の言語

多義 「普通の，ありふれた」

258

F E A Fi 多
動 名 形 副 他

a particular character

アク？

大ざっぱなスケッチ

多義 「荒い；手荒い」「つらい，厳しい」

発音 [rʌ́f]

反 smóoth「なめらかな」

F E A Fi 多 / 動 名 **形** 副 他

259

information **available** (　　) everyone

正しい答え

反 incorréct「まちがった（= wrong）」

F E A Fi 多 / 動 名 **形** 副 他

260

bilingual children

日本の文化に**くわしい**（**with**）

多義 「よく知られた，見覚えのある，親しい」

F E A Fi 多 / 動 名 **形** 副 他

261

I am **ready** (　　) start.

多義

肉体美

多義 「物理的な；物質の」

F E A Fi 多 動 名 形 副 他

262

the **correct** answer

反？

みんなが**利用できる**情報 (to)

F E A Fi 多 動 名 形 副 他

263

be **familiar** (　　) Japanese culture

多義

二言語使用の子どもたち

F E A Fi 多 動 名 形 副 他

264

physical beauty

多義

出発の**用意ができている** (to)

多義 「(be ready to V) 進んでVする」

F E A Fi 多
動 名 **形** 副 他

265

The book is worth reading.

Q His speech is worth (　).
①listening to ②listening

彼女の**私**生活

反 públic「公の，公的な」
名 prívacy「プライバシー，秘密」

F E A Fi 多
動 名 **形** 副 他

266

be involved (　) the accident

例 the people involved

明白なまちがい

アク [ábviəs]

F E A Fi 多
動 名 **形** 副 他

267

I had a fantastic time.

母語
(母国の)

268

her *private* life

その本は読む**価値がある**

A ① 「彼の話は聞く価値がある」
worth + Ving の後に，主語の名詞を置ける形にする必要がある。listening to his speech から考える。

269

an *obvious* mistake

事故に**巻き込まれている**（in）

例「関係する人々」

270

a *native* language

私は**すばらしい**時をすごした

F E A Fi 多
動 名 **形** 副 他

271

a **complex** system

男性の労働者

反 fémale「女の，雌の　名 女，雌」

F E A Fi 多
動 名 **形** 副 他

272

I'm **willing** (　　) pay for good food.

言葉の**適切な**使い方

反 impróper「ふさわしくない，無作法な」

F E A Fi 多
動 名 **形** 副 他

273

the **current** international situation

彼はその仕事をする**能力がある**（of）

反 incápable「能力［可能性］がない」

A ①「彼はこの件を処理できる」

274

male workers

反?

複雑なシステム

275

the proper use of words

反?

おいしいものにお金を
払ってもかまわない (to)

276

He is capable (　　) doing the job.

反?

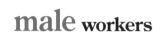

Q He is capable (　　) this case.
①of handling ②to handle

今日の国際状況

277

He is independent (　　) his parents.

重要な違い

動 sígnify「～を示す，意味する」

例「少数だがかなり多くの数」

278

positive thinking

反？

前大統領

279

a pleasant experience

発音？　名？

Q I'm (　) with my new house.

①pleasant　②pleased

化学反応

名 chémistry「化学；(化学的な) 性質」

F E A Fi 多 / 動 名 形 副 他

280

a **significant** difference

動?

例 a small but significant number

彼は親から**独立している**（of）

F E A Fi 多 / 動 名 形 副 他

281

the **former** president

積極的な考え方

反 négative「否定の；消極的な」

F E A Fi 多 / 動 名 形 副 他

282

a **chemical** reaction

名?

楽しい経験

発音 [plézənt]

名 pleasure 発音 [pléʒər]「喜び，楽しみ」

A ②「私は新しい家が気に入っている」

F E A Fi 多 / 動 名 **形** 副 他

283

be **upset** by the accident

特定の個人

反 géneral「一般的な」

F E A Fi 多 / 動 名 **形** 副 他

284

from the **previous** year

発音？ 反？

健康を**意識する**アメリカ人

同 awáre

F E A Fi 多 / 動 名 **形** 副 他

285

keep **calm**

発音？

他の人より**すぐれている** (to)

アク [supíəriər]

反 inférior「より劣っている」

名 superiórity「優越, 優勢」

F E A Fi 多 / 動 名 形 副 他

286

a **specific** individual

反?

事故で**動揺している**

F E A Fi 多 / 動 名 形 副 他

287

health-**conscious** Americans

同?

前の年から

発音 [prí:viəs]

反 fóllowing「次の，下記の」

F E A Fi 多 / 動 名 形 副 他

288

be **superior** (　　) others

アク?　反?　名?

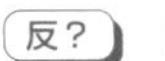

冷静でいる

発音 [ká:m]

289

an **efficient** use of energy

アク? 名?

理にかなった説明

多義 例「手ごろな価格で」

290

fundamental human rights

将来のことで**不安に**なる

名 nerve「神経」「勇気，ずうずうしさ」

291

F E A Fi 多 / 動 名 形 副 他

a **narrow** street

その兄弟は**似ている**

副?

Q 「狭い部屋」は？

292

a reasonable explanation

(多義) 例 at reasonable prices

効率のよいエネルギーの使い方

(アク) [ifíʃənt]

(名) efficiency「能率」

293

feel nervous about the future

基本的人権

294

The brothers look alike.

狭い通り

(副) nárrowly「かろうじて，危うく（= barely）」「狭く」

A a small room 「面積が狭い」はsmallを用いる。narrowは川，道など細長いものについて言う。

F E A Fi 多 / 動 名 **形** 副 他

295

domestic violence

アメリカ留学を**熱望する**（to）

多義 例 the domestic market

F E A Fi 多 / 動 名 **形** 副 他

296

a **negative** answer

脳の**すばらしい**能力

反？

F E A Fi 多 / 動 名 **形** 副 他

297

make a **moral** judgment

悪い霊を追い払う

発音 [íːvəl]

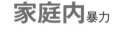

298

be **eager** (　) study in the US

家庭内暴力

 例「国内市場」⇔foreign

F E A Fi 多
動 名 形 副 他

299

the brain's **remarkable** ability

否定的な答え

 pósitive「肯定的な；積極的な」

300

drive away **evil** spirits

発音？

道徳的な判断をする

301

stay awake all night

動？

たくましいボクサー

多義 「骨の折れる，難しい」「厳しい」

発音 [tʌ́f]

F E A Fi 多 動 名 形 副 他

302

his aged parents

例 people aged 65 and over

原子力エネルギー

303

I am anxious (　　) your health.

多義 名？

Q He is anxious to find a girlfriend. の意味は？

イギリスの**法律の**制度

反 illégal「違法の」

F E A Fi 多
動 名 形 副 他

304

a <u>tough</u> boxer

多義 発音?

夜通し**目が覚めて**いる

動 awáken「～を目覚めさせる；目覚める」

F E A Fi 多
動 名 形 副 他

305

nuclear energy

彼の**年老いた**父母

例「65歳以上の人」

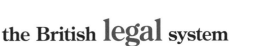

F E A Fi 多
動 名 形 副 他

306

the British **legal** system

反?

君の健康が**心配だ** (about)

多義「切望して」

名 an<u>x</u>iety 発音 [æŋzáiəti]「心配，不安」

A「彼は恋人を見つけたいと切望している」

307

be curious ( ) everything

名?

クラブの**先輩の**部員

反 júnior「後輩の，〈地位が〉下級の」

308

civil rights

その後すぐ彼は去った

309

according to a recent study

Q I often see him recently. の誤りは？

30年**近く**前に

A 「彼は危うく川に落ちそうだった」
= He almost fell into the river.

310

a **senior** member of the club

反？

何にでも**好奇心を持つ**（about）

名 curiósity「好奇心；珍奇なもの」

311

Soon **afterward**, he left.

市民権

312

nearly 30 years ago

Q He nearly fell into the river. の意味は？

最近の研究によると

A recently は，過去形か現在完了形の文に用い，現在形の文は不可。these days「最近」は，現在・現在完了形の文に用いる。

F E A Fi 多
動 名 形 副 他

313

The car is small and **therefore** cheap.

予想に**反して**（to）

F E A Fi 多
動 名 形 副 他

314

at **exactly** the (　　) time

私は**たまに**劇場に行く

F E A Fi 多
動 名 形 副 他

315

He will **possibly** come.

多義

Q He can't possibly come. の意味は？

なぜか寂しい

F E A Fi 多
動 名 形 副 他

316

contrary (　　) expectations

その車は小さい。**それゆえ**安い。

F E A Fi 多
動 名 形 副 他

317

I **occasionally** go to the theater.

ぴったり同時に（same）

F E A Fi 多
動 名 形 副 他

318

Somehow I feel lonely.

ひょっとすると彼は来るかもしれない

多義 「(cannot possibly V) どうしても V できない」

A 「彼はどうしても来られない」 cf. He possibly can't come. は「ひょっとすると彼は来られないかもしれない」

F E A Fi 多
動 名 形 **副** 他

319

I **seldom** see him.

妻と**違って**私は早起きだ

F E A Fi 多
動 名 形 **副** 他

320

This is smaller and **thus** cheaper.

彼は金持ちの**上に**やさしい

F E A Fi 多
動 名 形 副 **前**

321

people **throughout** the world

私の理解を**こえて**いる

322

Unlike my wife, I get up early.

彼に会うことは**めったにない**

F E A Fi 多
動 名 形 副 前

323

Besides being rich,
he is kind.

この方が小さく，**したがって**安い

（多義）「そのように，このように（= in this way）」
「これほど，この程度」

F E A Fi 多
動 名 形 副 前

324

It's **beyond** my understanding.

世界**中**の人々

325

F E A Fi 多
動 名 形 副 前

within a mile (　) the station

日曜**以外**毎日働く（every）

反 besídes「前 ～に加えて　副 その上に」

326

F E A Fi 多
動 名 形 副 接

have (　) time **nor** money

君は医者に診てもらう**べきだ**（to）

327

F E A Fi 多
動 名 形 副 接

I'll leave tomorrow **unless** it rains.

困難**にもかかわらず**（of）

328

work (　) day **except** Sunday

反？

駅から1マイル**以内で** (of)

F E A Fi 多
動 名 形 副 助

329

You **ought** (　) see a doctor.

時間もお金も**ない** (neither)

F E A Fi 多
動 名 形 副 前

330

in **spite** (　) difficulties

明日雨が降ら**ない限り**出発する

F E A Fi 多
動 名 形 副 接

331

I don't know whether it is true (　　) not.

十分な食料を**生産する**

F E A Fi 多
動 名 形 副 他

332

explain why he was late

名？

Q Explain me the answer. はなぜ誤り？

神は本当に**存在する**のか

A 「幸福な生活を送る」

F E A Fi 多
動 名 形 副 他

333

accept the truth as it is

反？(2つ)

Q receive an invitation と accept an invitation はどう違う？

私の気持ちを**表現する**

アク [iksprés]

334

produce **enough food**

本当**かどうか**わからない（**or**）

335

F E A Fi 多
動 名 形 副 他

Does God really exist?

Q lead a happy existence の意味は？

彼がなぜ遅れたかを**説明する**

名 explanátion「説明」

A explain はSVOOの文型がない。Explain the answer to me. が正しい。

336

F E A Fi 多
動 名 形 副 他

express **my feelings**

アク？

ありのまま真実を**受け入れる**

反 rejéct, refúse「～を断る」

A receive だと単に「招待状をもらう」の意味，accept では「招待を受け入れる」の意味になる。

337

add **some milk (　　) the soup**

危険から子供たちを**守る**（**from**）

名？

338

avoid **making mistakes**

アルコールは脳に**影響する**

Q 動詞を目的語にとるときはどんな形？

F E A Fi 多
動 名 形 副 他

339

marry **Mary**

君の未来を**決定する**

名？

Q1 Will you (　) me ?　①marry　②marry with

Q2 He got married (　) Mary.

アク [ditə́ːrmin]

340

F E A Fi 多 / 動 名 形 副 他

protect children (　) danger

スープにミルクを**加える**（to）

名 addítion「追加，増加；足し算」

341

F E A Fi 多 / 動 名 形 副 他

Alcohol **affect**s the brain.

まちがいを犯すのを**避ける**

A avoid + Ving

342

F E A Fi 多 / 動 名 形 副 他

determine your future

アク？

メアリと**結婚する**

名 márriage「結婚」

A1 ① marryは，「〈人〉と結婚する」という意味では，他動詞。

A2 to

F E A Fi 多
動 名 形 副 他

343

solve the problem

名？

医者の忠告を**無視する**

F E A Fi 多
動 名 形 副 他

344

Vegetables contain a lot of water.

彼女の年を**推測する**

F E A Fi 多
動 名 形 副 他

345

discuss the problem with him

円をドルに**交換する**（**for**）

Q Let's discuss about the matter. の間違いは？

F E A Fi 多
動 名 形 副 他

346

ignore the doctor's advice

問題を**解決する**

名

solútion「解決（策），解答」「溶解，溶液」

F E A Fi 多
動 名 形 副 他

347

guess how old she is

野菜はたくさんの水を**含んでいる**

F E A Fi 多
動 名 形 副 他

348

exchange yen (　　) dollars

彼とその問題を**議論する**

A discussは他動詞。前置詞は不要。Let's discuss the matter. が正しい。

349

satisfy the needs of students

人々の長寿を**可能にする**（to）

名?

Q I'm (　) with your work.
① satisfactory ② satisfied

350

complain (　) the noise

アメリカに住む**つもりだ**（to）

名?

名 inténtion「意図」

F E A Fi 多 / 動 名 形 副 他

351

finally **achieve** the goal

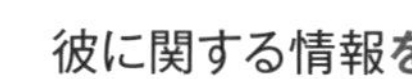

彼に関する情報を**得る**

352

F E A Fi 多
動 名 形 副 他

enable people (　　) live longer

学生の要求を**満たす**

名 satisfáction「満足」

A ②「私は君の仕事に満足している」

353

F E A Fi 多
動 名 形 副 他

intend (　　) live in America

名?

騒音のことで**苦情を言う**(about [of])

名 compláint「不満，苦情」

354

F E A Fi 多
動 名 形 副 他

obtain information about him

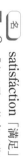

ついに目標を**達成する**

F E A Fi 多
動 名 形 副 他

355

divide the cake (　) six pieces

名?

子供を**教育する**方法

アク [édʒukeit]

F E A Fi 多
動 名 形 副 他

356

The noise annoys me.

友達から本を**借りる** (from)

反 lend「～を貸す」

A borrowは「～を無料で借りて持っていく」が普通。動かせない物を一時借りる時は，Can I use～? がよい（ただしお金には利子を払うときもborrowを使う）。

F E A Fi 多
動 名 形 副 他

357

My opinion differs (　) hers.

アク?

Q We differ (　) opinion. に入る前置詞は？

タイムマシンを**発明する**

358

how to educate children

アク？

ケーキを6個に**分割する**（into）

名 divísion「分割，部門」

359

borrow a book（　　）a friend

反？

Q Can I borrow the bathroom? はなぜだめ？

その音が私を**いらだたせる**

360

invent a time machine

私の考えは彼女と**異なる**（from）

アク [dífər]

A in differ in Aは「Aの点で違う」。differ from Aと混同しないこと。

F E A Fi 多 / 動 名 形 副 他

361

promote **economic growth**

彼に外出することを**許す**（**to**）

名 permíssion「許可」

F E A Fi 多 / 動 名 形 副 他

362

advise **him**（　）**eat vegetables**

発音？

Q He gave me many advices. はなぜだめ？

あなたにこの本を**勧める**（**to**）

F E A Fi 多 / 動 名 形 副 他

363

retire（　）**work at sixty**

遅れたことを彼に**謝る**（**to**）（**for**）

名 apólogy「謝罪」

A I apologized to him. が正しい。

F E A Fi 多
動 名 形 副 他

364

permit him (　　) go out

名?

経済成長を**促進する**

F E A Fi 多
動 名 形 副 他

365

recommend this book (　　) you

野菜を食べるよう彼に**忠告する**（to）

発音 [ədváiz]

A 不可算名詞。a lot of advice とする。

F E A Fi 多
動 名 形 副 他

366

apologize (　　) him (　　) being late

名?

Q I apologized him. はどこがいけない？

60で仕事を**辞める**（from）

F E A Fi 多
動 名 形 副 他

367

inform him ( ) his son's success

最良の答えを**選ぶ**

F E A Fi 多
動 名 形 副 他

368

oppose their marriage

仕事のことで彼を**ほめる**（**for**）

形？ 名？

Q oppose A = ( ) ( ) A

F E A Fi 多
動 名 形 副 他

369

trust an old friend

どう問題に**対処する**べきか

370

select the best answer

息子の成功を彼に**知らせる**（of）

F E A Fi 多
動 名 形 副 他

371

praise him（　）his work

彼らの結婚に**反対する**

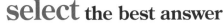

形 ópposite「正反対の，逆の」
名 opposítion「反対，対立，抵抗」
A object to A「Aに反対する」

F E A Fi 多
動 名 形 副 他

372

how to handle problems

古い友達を**信用する**

373

propose a new way

Q He proposed her to go there.（誤りを正せ）

困難に**打ち勝つ**

374

F E A Fi 多
動 名 形 副 他

br<u>eathe</u> fresh air

発音？

大きな力を**持っている**

発音 [pəzés]

名 posséssion「所有，所有物」

375

criticize him (　　) being late

名？

未来を**予言する**

F E A Fi 多
動 名 形 副 他

376

overcome difficulties

新しいやり方を**提案する**

A He proposed to her that she go [should go] there.
「彼女がそこに行くよう彼は提案した」

F E A Fi 多
動 名 形 副 他

377

pos<u>s</u>ess great power

発音？　名？

新鮮な空気を**呼吸する**

発音 [brí:ð]

F E A Fi 多
動 名 形 副 他

378

predict the future

遅刻したことで彼を**非難する** (for)

名 críticism「批判，非難；批評」

F E A Fi 多
動 名 形 副 他

379

publish a book

アマゾン川を**探検する**

F E A Fi 多
動 名 形 副 他

380

leaves **floating** on the river

眠っている**ふりをする**（to）

F E A Fi 多
動 名 形 副 他

381

recall the good old days

大量の水を**吸収する**

382

explore the Amazon River

本を**出版する**

F E A Fi 多
動 名 形 副 他

383

pretend (　　) be asleep

川面(かわも)に**浮かぶ**木の葉

F E A Fi 多
動 名 形 副 他

384

absorb a lot of water

古き良き時代を**思い出す**

385

He resembles his father.

名?

金メダルを目指して彼と**競争する**

(with) (for)

発音 [kəmpíːt]

名 competítion「競争」

形 compétitive「競争が激しい；競争力がある」

386

tear the letter to pieces

発音?

Q 同つづり語tear「涙」の発音は？

タバコを**やめる**

A quit drinkingが正しい。stopと同じく，動名詞を目的語にとる。

F E A Fi 多
動 名 形 副 他

387

consume a lot of energy

名?

新しい計画を**発表する**

388

F E A Fi 多
動 名 形 副 他

compete (　) him (　) the gold medal

発音?　名?　形?

彼は父親に**似ている**

名　resémblance「類似，似ていること」

389

F E A Fi 多
動 名 形 副 他

quit smoking

Q 「酒をやめる」は，quit to drinkかquit drinkingか？

ずたずたに手紙を**引き裂く**

発音　[téər]

A　[tíər]

390

F E A Fi 多
動 名 形 副 他

announce a new plan

多量のエネルギーを**消費する**

名　consúmption「消費」

F E A Fi 多 / 動 名 形 副 他

391

react quickly (　　) light

電力を**生み出す**

F E A Fi 多 / 動 名 形 副 他

392

wander around the streets

10点を**取る**

F E A Fi 多 / 動 名 形 副 他

393

Don't **text** while driving.

日本**政府**

394

generate electricity

光にすばやく反応する（to）

F E A Fi 多
動 名 形 副 他

395

score 10 goals

街を歩き回る

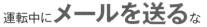

F E A Fi 多
動 名 形 副 他

396

the Japanese government

運転中にメールを送るな

397

have little knowledge of English

発音？

冷戦**時代**

F E A Fi 多
動 名 形 副 他

398

the Asian nations

形？

人口の増加

A large（many不可）「少ない」はsmall。

F E A Fi 多
動 名 形 副 他

399

make an effort (　) help him

平和的な**目的**で（for）

400

the Cold War period

英語の**知識**がほとんどない

[nálidʒ]

401

F E A Fi 多
動 名 形 副 他

population growth

Q 「人口が多い」= have a (　　) population

アジアの諸**国**

nátional「国家の；国民の」

402

(　　) **peaceful purposes**

彼を助けようと**努力**する（to）

F E A Fi 多
動 **名** 形 副 他

403

study human **behavior**

発音？ 動？

CDの音**質**

F E A Fi 多
動 **名** 形 副 他

404

lack of food

自然**環境**

形 environméntal「環境の」

F E A Fi 多
動 **名** 形 副 他

405

learn basic **skills**

重要な**役割**を果たす（**play**）

A roll「転がる」

406

the sound quality of the CD

人間の**行動**を研究する

[bihéivjər]

behávе「ふるまう」

F E A Fi 多
動 名 形 副 他

407

the natural environment

形？

食糧**不足**

F E A Fi 多
動 名 形 副 他

408

(　　) an important role

Q role と同音の単語は？

基本的な**技術**を学ぶ

409

a positive attitude (　　) life

彼女と話す**機会** (to)

アク [ɑpərtjúnəti]

F E A Fi 多 動 名 形 副 他

410

the author of this passage

情報**源**

411

scientific research

二酸化**炭素**

412

an opportunity ( )
talk to her

アク?

人生に対する前向きな**態度**（**toward**）

[ǽtitjuːd]

F E A Fi 多
動 名 形 副 他

413

a source of information

この文章の**筆者**

F E A Fi 多
動 名 形 副 他

414

carbon dioxide

科学的な**研究**

F E A Fi 多
動 **名** 形 副 他

415

the **shape** of her nose

ベッドで本を読む**習慣**がある

F E A Fi 多
動 **名** 形 副 他

416

the **advantage** (　)
membership

反？

話を**細部**まで覚えている

形 détailed「くわしい」

F E A Fi 多
動 **名** 形 副 他

417

a **method** of teaching English

私の家から歩ける**距離**で

形 dístant「遠い」

418

be in the **habit** of reading in bed

彼女の鼻の**形**

F E A Fi 多
動 名 形 副 他

419

remember the **details** of the story

形？

会員の**利点**（of）

反 disadvántage「不利」

F E A Fi 多
動 名 形 副 他

420

within walking **distance** of my house

形？

英語を教える**方法**

421

A large **crowd** gathered.

発音？ 形？

生活**水準**

アク [stǽndərd]

422

the best known **instance**

難しい**仕事**

423

a strong **desire** ( ) be a singer

未来の**世代**のために

424

the **standard** of living

大**群衆**が集まった

 [kráud]

 crówded「混み合った，満員の」

425

F E A Fi 多
動 名 形 副 他

a difficult **task**

最もよく知られた**例**

426

F E A Fi 多
動 名 形 副 他

for future **generations**

歌手になりたいという強い**願望**（to）

F E A Fi 多 / 動 名 形 副 他

427

take **responsibility** (　　) the accident

ほんの**10年**前に

アク [dékeid]

F E A Fi 多 / 動 名 形 副 他

428

experiments with animals

5,000ドルの**損失**

F E A Fi 多 / 動 名 形 副 他

429

a professional **athlete**

アク?

高**熱**を出している

発音 [fíːvər]

430

F E A Fi 多
動 名 形 副 他

only a **decade** ago

アク?

事故の**責任**をとる（for）

431

F E A Fi 多
動 名 形 副 他

a **loss** of $5,000

動物を用いる**実験**

432

F E A Fi 多
動 名 形 副 他

have a high **fever**

発音?

プロの**運動選手**

アク [æθliːt]

433

the theory of relativity

コンピュータの基本的**機能**

形？

434

read the following statement

地球の**表面**

F E A Fi 多
動 名 形 副 他

435

a professor at Boston University

ピンクの**封筒**に手紙を入れる

436

the basic **functions** of a computer

相対性**理論**

形 theorética l「理論的な，理論上の」

F E A Fi 多
動 名 形 副 他

437

the **surface** of the earth

次の**記述**を読む

F E A Fi 多
動 名 形 副 他

438

put the letter in a pink **envelope**

ボストン大学の**教授**

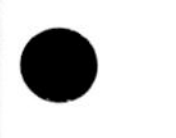

439

an international **organization**

光と影の**対比**

F E A Fi 多
動 名 形 副 他

440

Japan's foreign **policy**

情報の**洪水**

発音？ [flʌ́d]

F E A Fi 多
動 名 形 副 他

441

natural **resource**s

連れ合いを探す

442

the **contrast** between light and shadow

国際的な**組織**

F E A Fi 多
動 名 形 副 他

443

a **flood** of information

発音？

日本の外交**政策**

F E A Fi 多
動 名 形 副 他

444

look for a **mate**

天然**資源**

445

buying and selling goods

歴史と**伝統**

F E A Fi 多
動 名 形 副 他

446

humans and other creatures

発音？

体重を減らす

発音 [wéit]

F E A Fi 多
動 名 形 副 他

447

changes in social structure

448

history and tradition

商品の売り買い

F E A Fi 多
動 名 形 副 他

449

lose weight

発音？

人間と他の**動物**

発音 [kríːtʃər]

F E A Fi 多
動 名 形 副 他

450

give money to charity

社会**構造**の変化

451

the average American citizen

女優としての長い**経歴**

アク [kəríər]

F E A Fi 多 動 名 形 副 他

452

make a good impression ( ) him

新しいホテルの**用地**

F E A Fi 多 動 名 形 副 他

453

a popular cartoon character

列車の**乗客**

454

a long **career** as an actress

平均的アメリカ**市民**

455

a **site** for a new hotel

彼によい**印象**を与える（on）

F E A Fi 多
動 名 形 副 他

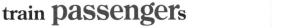

456

train **passengers**

人気**マンガ**のキャラクター

457

violence on TV

形？

大多数の学生（of）

反 minórity「少数派，少数民族」

458

F E A Fi 多 動 名 形 副 他

low-income families

Q 「多い収入」「少ない収入」は？

言語の起源

アク [ɔ́(ː)ridʒin]

動 oríginate「起こる，始まる」

459

F E A Fi 多 動 名 形 副 他

the average temperature in Paris

英文学を研究する

460

the majority (　　) students

反?

テレビにおける暴力

形　víolent「乱暴な，暴力的な；激しい」

461

the origin of language

アク?　動?

低所得の家族

A　a high [large] income，a low [small] income。expensive や cheap は×。

462

study English literature

パリの平均気温

F E A Fi 多
動 名 形 副 他

463

office equipment

地球という**惑星**

F E A Fi 多
動 名 形 副 他

464

talk to a stranger

Q I'm a stranger around here. の意味は？

事実は**小説**よりも奇なり

F E A Fi 多
動 名 形 副 他

465

strength and weakness

科学と**宗教**

466

the **planet** Earth

オフィスの**設備**

467

Truth is stranger than **fiction.**

見知らぬ人に話しかける

A 「この辺はよく知らないんです」

468

science and **religion**

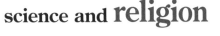

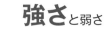

強さと弱さ

発音 [stréŋkθ]

F E A Fi 多
動 名 形 副 他

469

environmental **pollution**

200万ドルの**もうけ**を得る

F E A Fi 多
動 名 形 副 他

470

wealth and power

形？

映画作りの**技術**

アク [tekníːk]

F E A Fi 多
動 名 形 副 他

471

sign an official **document**

感情を表現する

形 emótional「感情的な，感動的な」

472

F E A Fi 多
動 名 形 副 他

make a $2 million **profit**

環境**汚染**

473

F E A Fi 多
動 名 形 副 他

the **technique** of film-making

アク?

富と権力

形 wéalthy「裕福な，豊富な」

474

F E A Fi 多
動 名 形 副 他

express **emotion**s

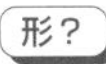

形?

公**文書**にサインする

475

a natural **phenomenon**

八**十億**の人々

476

a **horror** movie

女性の社会的**地位**

形？

477

climb a **ladder**

現代の**若者**

478

8 billion people

自然現象

F E A Fi 多
動 名 形 副 他

479

the social status of women

恐怖映画

形 hórrible「身の毛がよだつ，ひどい」

F E A Fi 多
動 名 形 副 他

480

modern youth

はしごを登る

481

have **confidence** (　　)
my ability

偉大な**学者**

F E A Fi 多
動 名 形 副 他

482

the **edge** of the Pacific Ocean

新しい**調査**によると

F E A Fi 多
動 名 形 副 他

483

household goods

5,000語の**語彙**

484

a great **scholar**

自分の能力に**自信**がある（**in**）

F E A Fi 多
動 名 形 副 他

485

according to a new **survey**

太平洋の**周辺**

F E A Fi 多
動 名 形 副 他

486

a **vocabulary** of 5,000 words

家庭用品

F E A Fi 多
動 名 形 副 他

487

a natural **enemy**

彼の**指示**に従う

F E A Fi 多
動 名 形 副 他

488

a bridge (　) **construction**

経済**危機**を乗り越える

形 crítical「重大な，危機の」「批判的な」

A crises [kráisiːz]

F E A Fi 多
動 名 形 副 他

489

a **lecture** (　) history

歯医者の**道具**

アク [ínstrəmənt]

490

follow his  **instruction**s

天**敵**

F E A Fi 多
動 名 形 副 他

491

get over the economic **crisis**

形？

Q 複数形とその発音は？

建設中の橋（under）

F E A Fi 多
動 名 形 副 他

492

a dentist's **instrument**

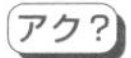

アク？

歴史に関する**講義**（on）

493

F E A Fi 多
動 名 形 副 他

grow various crops

勝利への**道**（to）

494

F E A Fi 多
動 名 形 副 他

a laser weapon

発音？

地震を予知する

495

F E A Fi 多
動 名 形 副 他

an electronic device

動？

きれいな山の**小川**

496

the **path** (　) victory

さまざまな**作物**を育てる

497

F E A Fi 多
動 名 形 副 他

predict **earthquake**s

レーザー**兵器**

発音 [wépən]

498

F E A Fi 多
動 名 形 副 他

a clear mountain **stream**

電子**装置**

動 devíse「～を工夫する，考案する」

499

the **notion** of freedom

燃料を使い果たす

500

F E A Fi 多
動 名 形 副 他

a tree in the **yard**

すべての人類の共通の**祖先**

アク [ǽnsestər]
反 descéndant「子孫」

501

F E A Fi 多
動 名 形 副 他

victims of the war

ナイル川の豊かな**土壌**

502

F E A Fi 多
動 名 形 副 他

run out of **fuel**

自由の**概念**

503

F E A Fi 多
動 名 形 副 他

the common **ancestor**s of all humans

アク？ 反？

庭の木

504

F E A Fi 多
動 名 形 副 他

the rich **soil** of the Nile River

戦争の**犠牲者**

505

F E A Fi 多
動 名 形 副 他

a **debate** on education

たなから本を取る

506

F E A Fi 多
動 名 形 副 他

a violent **crime**

DNAの**分析**（of）

アク [ənǽlisis]
動 ánalyze「～を分析する」

507

F E A Fi 多
動 名 形 副 他

my friends and **colleagues**

アク?

宇宙の星

形 univérsal「普遍的な，全世界の」

508

take a book from the **shelf**

F E A Fi 多
動 名 形 副 他

509

analysis (　　) DNA

アク？　動？

凶悪**犯罪**

F E A Fi 多
動 名 形 副 他

510

stars in the **universe**

形？

私の友人と**同僚**

[kɑ́li:g]

F E A Fi 多
動 名 形 副 他

511

a machine run by **electricity**

激しい**嵐**

F E A Fi 多
動 名 形 副 他

512

social **insect**s like ants

十分な時間がある（of）

F E A Fi 多
動 名 形 副 他

513

be caught in a spider's **web**

農業に向いた土地

アク [ǽgrikʌltʃər]

形 agricúltural「農業の」

F E A Fi 多
動 名 形 副 他

514

a heavy **storm**

電気で動く機械

F E A Fi 多
動 名 形 副 他

515

have **plenty** (　　) time

アリのような社会性**昆虫**

F E A Fi 多
動 名 形 副 他

516

land suitable for **agriculture**

クモの**巣**にかかる

517

F E A Fi 多 | 動 名 形 副 他

the **gene** for eye color

形？

母親と**幼児**の関係

518

F E A Fi 多 | 動 名 形 副 他

evidence of life on Mars

形？

スポーツをする**暇**がない

発音 [líːʒər]

519

F E A Fi 多 | 動 名 形 副 他

(　) serious **consequences**

灰色の脳**細胞**

F E A Fi 多 / 動 名 形 副 他 — 520

the mother-infant relationship

目の色を決める**遺伝子**

形 genétic「遺伝子の」

F E A Fi 多 / 動 名 形 副 他 — 521

have no leisure time for sports

発音？

火星に生物がいるという**証拠**

形 évident「明らかな」

F E A Fi 多 / 動 名 形 副 他 — 522

the gray cells of the brain

重大な**結果**をまねく（**have**［**cause**］）

F E A Fi 多
動 **名** 形 副 他

523

have musical **talent**

ゴミを出す

F E A Fi 多
動 **名** 形 副 他

524

newspaper **advertising**

アク?

一般大衆

F E A Fi 多
動 **名** 形 副 他

525

increase (　) some **extent**

さまざまな種類の花

名 varíety「多様（性），変化」

526

F E A Fi 多
動 名 形 副 他

take out the **garbage**

音楽の**才能**がある

527

F E A Fi 多
動 名 形 副 他

the **general** public

新聞**広告**

アク [ǽdvərtaiziŋ]

528

F E A Fi 多
動 名 形 副 他

various kinds of flowers

名?

ある**程度**まで増える (to)

529

be similar ( ) each other

高価なレストラン

名 expénse「費用，経費，犠牲」

530

a complete failure

反？

政治的な指導者

アク [pəlítikəl]

531

a sharp rise in prices

Q 下のsharpの意味は？
The store closes at eight sharp.

危険に**気づいている**（**of**）

F E A Fi 多 / 動 名 形 副 他

532 

an **expensive** restaurant

名？

お互いに**似ている**（to）

F E A Fi 多 / 動 名 形 副 他

533

a **political** leader

アク？

完全な失敗

反 incompléte「不完全な」

F E A Fi 多 / 動 名 形 副 他

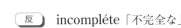

534

be **aware** (　　) the danger

物価の**急激な**上昇

A 「その店は８時ちょうどに閉まる」
= exactly「きっかりに」

F E A Fi 多 動 名 形 副 他

535

ancient Greece and Rome

発音？

巨大な都市

F E A Fi 多 動 名 形 副 他

536

a **medical** study

ひどい事故

動 térrify「～を恐れさせる」
名 térror「恐怖；テロ」

F E A Fi 多 動 名 形 副 他

537

Water is **essential** (　) life.

アク？ 名？

実用的な英語

538

F E A Fi 多
動 名 形 副 他

a huge city

古代のギリシャとローマ

発音 [éinʃənt]

539

F E A Fi 多
動 名 形 副 他

a terrible accident

動？ 名？

医学の研究

540

F E A Fi 多
動 名 形 副 他

practical English

水は生命に**不可欠だ**（to）

アク [isénʃəl]
名 éssence「本質」

541

F E A Fi 多
動 名 **形** 副 他

the entire world

小さい問題

反 májor「主要な，より大きい」

542

F E A Fi 多
動 名 **形** 副 他

my favorite food

典型的なアメリカの家族

発音 [típikl]

543

F E A Fi 多
動 名 **形** 副 他

enjoy a comfortable life

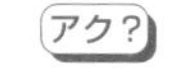

発音？ アク？ 名？

生活するのに**理想的な**土地

544

a **minor** problem

反？

全世界

545

a **typical** American family

発音？

私の**いちばん好きな**食べ物

546

an **ideal** place to live

快適な生活を楽しむ

発音 アク [kʌ́mfərtəbl]

名 cómfort「快適さ，慰め　動～を慰める」

F E A Fi 多
動 名 **形** 副 他

547

the **principal** cities of Europe

急速な経済成長

F E A Fi 多
動 名 **形** 副 他

548

the most **appropriate** word

反?

精神の病

反 phýsical「肉体の（= bodily）」
名 mentálity「思考方法，心的傾向」

F E A Fi 多
動 名 **形** 副 他

549

an **empty** bottle

すばらしいアイディア

動 excél「優れている；〜にまさる」

550

rapid economic growth

ヨーロッパの**主要な**都市

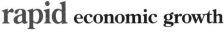

F E A Fi 多
動 名 形 副 他

551

a **mental** illness

反？ 名？

最も**適切な**単語

反 inappròpriate「不適切な」

F E A Fi 多
動 名 形 副 他

552

an **excellent** idea

動？

からのビン

F E A Fi 多 / 動 名 **形** 副 他

553

when it's convenient ( ) you

ばく大な額の損害

Q Call me when you are convenient. の誤りは？

同 huge, vast

F E A Fi 多 / 動 名 **形** 副 他

554

potential danger

珍しい切手

F E A Fi 多 / 動 名 **形** 副 他

555

financial support from the US

人工知能（AI）

反 nátural「自然な」

556

an enormous amount of damage

同? (2つ)

君の都合がいいときに (for)

A 「君の都合がよい」はit is convenient for youと言う。

557

a rare stamp

潜在的な危険

558

artificial intelligence

反?

アメリカからの財政的援助

F E A Fi 多
動 名 **形** 副 他

559

a tiny kitten

F E A Fi 多
動 名 **形** 副 他

560

spend considerable time

F E A Fi 多
動 名 **形** 副 他

561

Her skin is sensitive (　) sunlight.

Q a (　) approach to the problem
①sensible ②sensitive

高度な**知的**能力

名 intellect アク [íntəlekt]「知性」

A intelligentは人や動物の知能が高いことだが，intellectualは人に限られ，高度な知性・教養を持つという意味。

塩分の多い食事で**のどが渇く**

女性に対して**礼儀正しい**

反 impolite「不作法な，無礼な」

F E A Fi 多 / 動 名 形 副 他

562

high **intellectual** ability

ちっちゃな子猫

名？

Q intelligentとintellectualはどう違う？

F E A Fi 多 / 動 名 形 副 他

563

Salty food makes you **thirsty.**

かなりの時間を費やす

F E A Fi 多 / 動 名 形 副 他

564

be **polite** to ladies

彼女の肌は日光に**敏感だ**（to）

反？

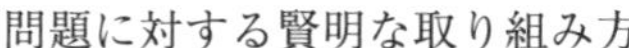

A ①「問題に対する賢明な取り組み方」

565

accurate information

都会の暮らし

566

F E A Fi 多
動 名 形 副 他

rude behavior

一時的な記憶喪失

567

F E A Fi 多
動 名 形 副 他

pay sufficient attention

反?

原始的な社会

F E A Fi 多 / 動 名 形 副 他

568

urban life

正確な情報

アク [ǽkjərət]
同 exáct
名 áccuracy「正確さ」

F E A Fi 多 / 動 名 形 副 他

569

temporary loss of memory

失礼な振る舞い

F E A Fi 多 / 動 名 形 副 他

570

a **primitive** society

十分な注意を払う

アク [səfíʃənt]
反 insuffícient「不十分な」

571

permanent teeth

反？

簡潔な説明

F E A Fi 多
動 名 形 副 他

572

the care of **elderly** people

流動的な社会

名 mobility「動きやすさ，流動性」

F E A Fi 多
動 名 形 副 他

573

severe winter weather

中国からの**最新の**ニュース

574

a brief explanation

永久歯

反 témporary「一時的な，長く続かない」

F E A Fi 多 / 動 名 形 副 他

575

a mobile society

名？

高齢者のケア

F E A Fi 多 / 動 名 形 副 他

576

the latest news from China

厳しい冬の天候

F E A Fi 多
動 名 **形** 副 他

577

military aid to Israel

ばかなことを言う

F E A Fi 多
動 名 **形** 副 他

578

strict rules

生物兵器

名　biólogy「生物学」

579

a **solid** state

反？

おそらく彼は来ないだろう

580

F E A Fi 多
動 名 **形** 副 他

say  **stupid** things

イスラエルへの**軍事的**援助

581

F E A Fi 多
動 名 **形** 副 他

biological weapons

名？

厳しい規則

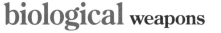

582

F E A Fi 多
動 名 形 **副** 他

Probably he won't come.

固体の状態

反 líquid「液体の　名液体」

F E A Fi 多
動 名 形 副 他

583

I **hardly** know Bill.

Q I studied (　　　).
①hard ②hardly

しばしば使われる言葉

F E A Fi 多
動 名 形 副 他

584

leave **immediately** after lunch

非常に難しい問題

F E A Fi 多
動 名 形 副 他

585

He **eventually** became president.

(2つ)

だんだん冷たくなる

586

a **frequently** used word

ビルのことは**ほとんど**知ら**ない**

A ① hardlyに「一生けんめいに」の意味はない。

587

F E A Fi 多
動 名 形 副 他

an **extremely** difficult problem

昼食後**すぐに**出発する

588

F E A Fi 多
動 名 形 副 他

gradually become colder

ついに彼は大統領になった

同熟 at last, in the end

F E A Fi 多 動 名 形 副 他

589

instantly recognizable songs

比較的少数の人々

同 compáratively「比較的」

F E A Fi 多 動 名 形 副 他

590

He is rich; nevertheless he is unhappy.

一見簡単な問題

アク [əpǽrəntli]

A 1)「違いが明らかになった」
2)「見かけ上の違い」

591

He's kind; moreover, he's strong.

同?

絶対あなたとは結婚しない

592

F E A Fi 多 / 動 名 形 副 他

relatively few people

同？

すぐにそれとわかる歌

593

F E A Fi 多 / 動 名 形 副 他

an apparently simple question

アク？

Q 訳しなさい。 1) The difference became apparent.
2) the apparent difference

彼は金持ちだが，**それにもかかわらず**，不幸だ

594

F E A Fi 多 / 動 名 形 副 他

I will definitely not marry you.

彼は親切で，**その上**強い

同 fúrthermore「その上，さらに，しかも」

F E A Fi 多 動 名 形 副 他 595

largely because of the problem

彼の家で**一晩**泊まる

同? (2つ)

596

The class is mostly Japanese.

偶然島を発見する

例 I sometimes drink whisky, but mostly I drink beer.

597

approximately 10,000 years ago

努力**にもかかわらず**彼は負けた

同熟 in spite of

F E A Fi 多
動 名 形 副 他

598

stay **overnight** in his house

主にその問題のせいで

同 máinly, chíefly

F E A Fi 多
動 名 形 副 他

599

accidentally discover an island

クラスの**大部分は**日本人だ

例「私は時にはウイスキーも飲むが，たいていはビールを飲む」

F E A Fi 多
動 名 形 副 前

600

He lost **despite** his efforts.

同熟？

およそ1万年前

601

proceed straight ahead

いくつかの国は存在**しなくなった**（**to**）

発音 [síːs]

602

ensure the safety of drivers

公共の場の喫煙を**禁ずる**

603

interpret the meaning of the word

アク？

法に**従う**

形 obédient「従順な，おとなしい」

名 obédience「服従」

A obey は他動詞だから，to は不要。形容詞の場合は，be obedient <u>to</u> your parents となる。

604

Some countries ceased ( ) exist.

まっすぐ前に**進む**

発音？

605

ban smoking in public places

ドライバーの安全を**確保する**

同熟 make sure

606

obey the law

その言葉の意味を**解釈する**

形？ 名？

Q obey to your parentsはどこがいけない？

アク [intə́ːrprit]

607

eliminate the need for paper

犯罪を**犯す**

多義「～をゆだねる，委任する」
「（本気で）取り組む（＋to）」

608

resist pressure from above

アメリカンドリームを**追い求める**

名 pursúit「追求，追跡」

動 名 形 副 他

609

accompany the president

例 a man accompanied by a dog

それが不可能なことを**示す**

アク [démənstreit]

610

commit a crime

紙の必要性を**なくす**

多義

611

F E A Fi 多
動 名 形 副 他

pursue the American Dream

上からの圧力に**抵抗する**

名?

名 resístance「抵抗（力）」

612

F E A Fi 多
動 名 形 副 他

demonstrate that it is impossible

大統領に**同伴する**

例「犬を連れた人」

613

I bet you'll win.

壁に**取り付けられた**本棚 (**to**)

A to 「彼は古い習慣に愛着を持っている」

614

ruin his life

立場を**逆転する**

615

threaten ( ) tell the police

言論の自由を**制限する**

616

a bookcase attached (　　) the wall

Q He is attached (　　) old customs.

きっと君は勝つと思う

617

reverse the positions

彼の人生を破滅させる

618

F E A Fi 多
動 名 形 副 他

restrict freedom of speech

警察に言うとおどす (to)

619

The body is composed (　　) cells.

人類の歴史を**たどる**

620

lean against the wall

彼らの会話を**じゃまする**

アク [intərʌ́pt]

621

substitute margarine (　　) butter

アク?

困難な問題に**立ち向かう**

622

trace human history

体は細胞で**構成されている**（of）

623

F E A Fi 多 動 名 形 副 他

interrupt their conversation

アク？

壁に**もたれる**

624

F E A Fi 多 動 名 形 副 他

confront a difficult problem

マーガリンをバターの**代わりに用いる**（for）

アク [sʌ́bstətjuːt]

F E A Fi 多
動 名 形 副 他

625

This example **illustrate**s his ability.

君が勝つことを**保証する**

F E A Fi 多
動 名 形 副 他

626

arrest him (　　) speeding

医者に**相談して**助言を求める

多義 「〈辞書など〉を参照する」

F E A Fi 多
動 名 形 副 他

627

stimulate the imagination

名?

憂鬱（ゆううつ）**で**出かける気がしない

A ①憂うつ，落ち込み　②不景気

628

assure you that you will win

この例が彼の能力を**示す**

F E A Fi 多
動 名 形 副 他

629

consult a doctor for advice

スピード違反で彼を**逮捕する**（for）

多義

F E A Fi 多
動 名 形 副 他

630

feel too **depressed** to go out

想像力を**刺激する**

Q depressionの2つの意味は？

名 stímulus「刺激（物）（複数形：stimuli）」

F E A Fi 多
動 名 形 副 他

631

crash (　　) **the wall**

植物を**栽培する**

多義 「〈感情・能力など〉を育む」

F E A Fi 多
動 名 形 副 他

632

inspire **him** (　　) **write a poem**

約束を**果たす**

F E A Fi 多
動 名 形 副 他

633

specialize (　　)
Chinese history

メッセージを**伝える**

名 transmíssion「伝達，伝導」

634

cultivate plants

多義

壁に**激突する**（into）

635

F E A Fi 多
動 名 形 副 他

fulfill the promise

彼に詩を書く**気を起こさせる**（to）

636

F E A Fi 多
動 名 形 副 他

transmit messages

名？

中国史を**専攻する**（in）

637

found a computer company

同？
Q 過去・過去分詞形は？

女王様に**おじぎする** (to)

発音 [báu]

F E A Fi 多
動 名 形 副 他

638

Clap your hands as you sing.

その考えをばからしいと**無視する** (as)

多義 「〈人〉を解雇する，解散させる」

639

burst (　) tears

多義

動物を**繁殖させる**方法

640

F E A Fi 多
動 名 形 副 他

bow ( ) **the queen**

発音?

コンピュータ会社を**設立する**

同 estáblish

A 変化はfound; founded; founded。
find; found; foundと混同するな。

641

F E A Fi 多
動 名 形 副 他

dismiss the idea ( ) **nonsense**

多義

歌いながら手を**たたき**なさい

642

F E A Fi 多
動 名 形 副 他

how to breed animals

急に泣き**出す** (**into**)

多義 「破裂する」

F E A Fi 多
動 名 形 副 他

643

prohibit children (　) working

ビジネスにお金を**投資する** (in)

F E A Fi 多
動 名 形 副 他

644

be **obliged** (　) pay the price

彼の言うことを**理解する**

名？

F E A Fi 多
動 名 形 副 他

645

qualify (　) the position

建物が**崩壊した**

形？

646

invest money (　) a business

子供が働くのを**禁じる** (from)

F E A Fi 多
動 名 形 副 他

647

grasp what he is saying

対価を支払わ**ざるをえない** (to)

名 obligátion「義務；恩義」

F E A Fi 多
動 名 形 副 他

648

The building **collapsed.**

その地位に**適任である** (for)

形 quálified「資格のある，有能な」

F E A Fi 多
動 名 形 副 他

649

overlook the fact

彼からチャンスを**奪う**（of）

F E A Fi 多
動 名 形 副 他

650

accuse him (　) lying

驚異的な記憶力

F E A Fi 多
動 名 形 副 他

651

be frustrated by the lack of money

新車を**登録する**

652

deprive him (　　) the chance

事実を**見逃す**

F E A Fi 多
動 名 形 副 他

653

an **astonishing** memory

彼がうそをついたと**非難する**（of）

F E A Fi 多
動 名 形 副 他

654

register a new car

金がなくて**欲求不満になる**

F E A Fi 多
動 名 形 副 他

655

The fact **corresponds** (　) my theory.

アク?

人権を**無視する**

多義 「〈子供など〉の世話をしない」

F E A Fi 多
動 名 形 副 他

656

cast a shadow on the wall

飢えた子どもたちに食事を与える

F E A Fi 多
動 名 形 副 他

657

attribute success (　) luck

多義 例 The picture is attributed to Picasso.

意見の不一致を**解決する**

名 resolútion「解決；決議，決心」

658

F E A Fi 多 / 動 名 形 副 他

neglect human rights

多義

その事実は私の理論と**一致する**（to）

アク [kɔrəspɑ́nd]

659

F E A Fi 多 / 動 名 形 副 他

feed **starving** children

壁に影を**投げかける**

660

F E A Fi 多 / 動 名 形 副 他

resolve disagreements

名？

成功は幸運の**おかげだと思う**（to）

多義 例「その画はピカソの作品だと考えられている」

F E A Fi 多 / 動 名 形 副 他

661

impose rules (　　) students

車が輸出の10%を**占める**

アク [kánstətʃuːt]

多義 例「脳死は法的な死である」

F E A Fi 多 / 動 名 形 副 他

662

convert sunlight (　　) electricity

重要なポストに**任命される**（**to**）

名 appóintment「（人に会う）約束；任命」

F E A Fi 多 / 動 名 形 副 他

663

The noise scares him.

発音？

彼女の微笑みは何を**意味する**のか

名 implicátion「（～s）影響，効果（＋for）」「（隠れた）意味，暗示」

F E A Fi 多 / 動 名 形 副 他

664

Cars constitute 10% of exports.

アク？ 多義 例 Brain death constitutes legal death.

学生に規則を**押しつける**（on）

F E A Fi 多 / 動 名 形 副 他

665

be appointed (　　) an important post

名？

太陽の光を電気に**転換する**（into）

F E A Fi 多 / 動 名 形 副 他

666

What does her smile imply?

名？

その音が彼を**おびえさせる**

発音 [skéər]

667

assign work ( ) each member

彼は大阪に**転勤した** (to)

Q assignmentの意味は？

F E A Fi 多
動 名 形 副 他

668

nod and say “yes”

銀行から5万ドル**奪う** (of)

名 róbbery「盗難（事件），盗み」

F E A Fi 多
動 名 形 副 他

669

be **elected** president

野生動物を**捕らえる**

670

He was transferred (　　) Osaka.

各メンバーに仕事を**割り当てる** (to)

A 名 宿題，(仕事などの) 割り当て

671

F E A Fi 多
動 名 形 副 他

rob the bank (　　) $50,000

名？

うなずいて「はい」と言う

672

F E A Fi 多
動 名 形 副 他

capture wild animals

大統領に**選ばれる**

F E A Fi 多
動 名 形 副 他

673

undertake the work

暴力に**訴える**（to）

例「最後の手段として」

F E A Fi 多
動 名 形 副 他

674

save a drowning child

発音?

諺 A drowning man will catch [clutch] at a straw.

地面に**降りる**

多義 「（祖先から）伝わる」　発音 [disénd]

名 descént「①家系，血統　②降下」
descéndant「子孫」

F E A Fi 多
動 名 形 副 他

675

split into two groups

例 split the bill

いらいらさせる騒音

676

F E A Fi 多
動 名 形 副 他

resort ( ) violence

例 as a last resort

仕事を**引き受ける**

677

F E A Fi 多
動 名 形 副 他

de<u>sc</u>end to the ground

多義 発音? 名? (2つ)

おぼれている子供を救う

発音 [dráun]

諺「おぼれる者はわらをもつかむ」

678

F E A Fi 多
動 名 形 副 他

irritating noise

2つのグループに**分裂する**

例「割り勘にする」

679

F E A Fi 多
動 名 形 副 他

pronounce the word correctly

名?

新たな問題が**出現した**

680

F E A Fi 多
動 名 形 副 他

The car is **equipped** (　) AI.

名?

彼は仕事に身を**ささげた**（to）

681

F E A Fi 多
動 名 形 副 他

cheat consumers

時はすべての傷を**いやす**

Q cheat on an examの意味は？

682

A new problem has **emerged**.

正確にその単語を**発音する**

pronunciátion「発音」

683

F E A Fi 多
動 名 形 副 他

He **devoted** himself ( ) his work.

その車はＡＩが**装備されている**
(with)

名 equípment「設備，装備」

684

F E A Fi 多
動 名 形 副 他

Time **heal**s all wounds.

消費者を**だます**

A 「試験でカンニングする」（cunning 形「ずるい」には「カンニング」という意味はない）

685

urge him (　) go home

例 the urge to create

彼に話をするよう**促す**

A 「すばやい行動をとる」 形容詞としてもよく使われるので注意。

F E A Fi 多 動 名 形 副 他

686

envy the rich

手を**引っ込める**

多義 「引きこもる，退く」「〈預金など〉を引き出す」

F E A Fi 多 動 名 形 副 他

687

chase the car

うそを**発見する**方法

688

prompt him to speak

Q take prompt action を訳せ。

帰宅するよう彼を**説得する**（to）

例「創造したい衝動」

F E A Fi 多
動 名 形 副 他

689

withdraw my hand

多義

金持ちを**うらやむ**

F E A Fi 多
動 名 形 副 他

690

how to **detect** lies

その車を**追跡する**

F E A Fi 多
動 名 形 副 他

691

interfere ( ) his work

アク?

絶滅危惧種

F E A Fi 多
動 名 形 副 他

692

You must be kidding.

創造性を養う

F E A Fi 多
動 名 形 副 他

693

launch a space shuttle

多義 例 launch a campaign

彼の力は衰えた

694

an **endangered** species

彼の仕事を**じゃまする**（**with**）

アク [intərfíər]

695

F E A Fi 多
動 名 形 副 他

foster creativity

冗談でしょう

696

F E A Fi 多
動 名 形 副 他

His power **diminished.**

スペースシャトルを**発射する**

多義 例「キャンペーンを始める」

F E A Fi 多 / 動 名 形 副 他

697

spill coffee on the keyboard

諺 It's no use crying over spilt milk.

彼女の肩を**軽くたたく**

例「水道水」

F E A Fi 多 / 動 名 形 副 他

698

be infected (　) the virus

新しい考えを**受け入れる**

多義 「～を含む（= include）」「～を抱く」

699

stem (　) an ancient tradition

男子と女子の**比率**（**to**）

700

tap her on the shoulder

例 tap water

キーボードにコーヒーを**こぼす**

諺「こぼれたミルクのことを嘆いても無駄だ」
（覆水盆に返らず）

701

F E A Fi 多
動 名 形 副 他

embrace a new idea

多義

ウイルスに**感染している**（with）

702

F E A Fi 多
動 名 形 副 他

the **proportion** of
boys（　）girls

古い伝統に**由来する**（from）

F E A Fi 多 / 動 名 形 副 他

703

sign a contract (　　) Google

東京**株式**市場

◆「在庫がある」

F E A Fi 多 / 動 名 形 副 他

704

have chest pains

公共**施設**

F E A Fi 多 / 動 名 形 副 他

705

discover treasure

多**額**のお金

多義 「合計」「要約」

706

the Tokyo stock market

◆in stock

グーグルとの**契約**にサインする（**with**）

F E A Fi 多
動 名 形 副 他

707

public facilities

胸が痛む

F E A Fi 多
動 名 形 副 他

708

a large sum of money

多義

財宝を発見する

F E A Fi 多
動 名 形 副 他

709

a man of high rank

Q Japan ranks third in GDP. の意味は？

戦争に対する**抗議**（against）

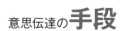

アク [próutest]　動 [prətést]

F E A Fi 多
動 名 形 副 他

710

a modern democracy

アク？

メキシコからの**移民**

F E A Fi 多
動 名 形 副 他

711

an emergency room

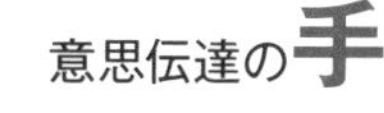

意思伝達の**手段**

多義 「車，乗り物」

712

a protest ( ) war

アク?

高い**地位**の人

A 「GDPでは日本は3位を占める」

F E A Fi 多
動 名 形 副 他

713

immigrants from Mexico

近代**民主国家**

アク [dimákrəsi]

F E A Fi 多
動 名 形 副 他

714

a vehicle for communication

多義

救急治療室

F E A Fi 多
動 名 形 副 他

715

a healthy daily **routine**

アク?

君のオンラインの**プロフィール**

F E A Fi 多
動 名 形 副 他

716

write really good **stuff**

夜明けに家を出る (at)

反 dusk「たそがれ」

F E A Fi 多
動 名 形 副 他

717

sit in the front **row**

社会**福祉**

同 wéll-béing「幸福，繁栄，福祉」

718

F E A Fi 多
動 名 形 副 他

your online **profile**

健康的ないつもの**日課**

アク [ru:tí:n]

719

F E A Fi 多
動 名 形 副 他

leave home (　) **dawn**

反？

本当によい**もの**を書く

720

F E A Fi 多
動 名 形 副 他

social **welfare**

同？

最前**列**に座る

F E A Fi 多
動 名 形 副 他

721

see life (　)
a new **perspective**

給料のよい**職業**

多義 「占領，占拠」

F E A Fi 多
動 名 形 副 他

722

his **enthusiasm** (　) soccer

アク？ 形？

事故の**目撃者**

723

have **faith** (　) technology

形？

デンマーク**王国**

724

F E A Fi 多
動 名 形 副 他

a well-paid **occupation**

多義

新しい**見方**で人生を考える（**from**）

725

F E A Fi 多
動 名 形 副 他

a **witness** to the accident

彼のサッカーに対する**情熱**（**for**）

アク [inθjúːziæzm]

形 enthusiástic「熱心な，熱狂的な」(＋about [for] A)

726

F E A Fi 多
動 名 形 副 他

the **kingdom** of Denmark

技術を**信頼**する（**in**）

形 fáithful「忠実な，信心深い」

727

There's no English equivalent (　) haiku.

寒さから**逃れる場所**を見つける (**from**)

◆「衣食住」

728

achieve the objective

多義

Q objective factsの意味は？

試行錯誤

多義 例「裁判にかけられている」

◆「対照試験」

729

put the plates in a pile

ここで働けるのは大変**名誉**です

730

find shelter ( ) **the cold**

◆food, clothing, and shelter

俳句に**相当するもの**は英語にない (to)

731

F E A Fi 多
動 名 形 副 他

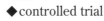

trial **and error**

多義 例 be on trial

◆controlled trial

目標を達成する

多義 「目的」「形 客観的な」

A 「客観的な事実」

732

F E A Fi 多
動 名 形 副 他

It's a great honor **to work here.**

皿を**積み重ね**て置く

733

defend a territory

公式の**統計**によると

734

a window frame

◆frame of reference

民間**企業**

 [éntərpraiz]

735

cross the Russian border

この**文脈**における意味（**in**）

 例「社会的背景［状況］の中で」

736

F E A Fi 多 / 動 名 形 副 他

according to official **statistics**

なわ張りを守る

737

F E A Fi 多 / 動 名 形 副 他

a private **enterprise**

アク?

窓**わく**

◆「基準の枠組み，価値体系」

738

F E A Fi 多 / 動 名 形 副 他

the meaning (　) this **context**

多義　例 in the social context

ロシア**国境**を越える

F E A Fi 多
動 名 形 副 他

739

carry a heavy **load**

女性に対する**偏見**

F E A Fi 多
動 名 形 副 他

740

world **grain** production

心臓に**負担**をかける（on）

F E A Fi 多
動 名 形 副 他

741

a **review** of the law

わなにはまる

A 「温室効果ガス，温暖化ガス」(⇦熱を閉じ込めるガス)

742

prejudice against women

重い**荷物**を運ぶ

743

F E A Fi 多
動 名 形 副 他

put a **strain** (　) the heart

世界の**穀物**生産高

744

F E A Fi 多
動 名 形 副 他

fall into a **trap**

その法律の**再検討**

Q heat-trapping gas とは？

745

F E A Fi 多
動 名 形 副 他

have a quick **temper**

離婚率の増加

746

F E A Fi 多
動 名 形 副 他

a black **slave**

その**曲**の美しさ

◆「Aと合っている」

747

F E A Fi 多
動 名 形 副 他

a knife **wound**

発音?

夏**真っ盛り**だ (**at**)

発音 [háit]

748

an increase in the **divorce** rate

すぐかっとなる**気性**である

749

F E A Fi 多
動 名 形 副 他

the beauty of the **tune**

◆be in tune with A

黒人の**奴隷**

750

F E A Fi 多
動 名 形 副 他

Summer is (　　) its **height**.

発音?

ナイフの**傷**

発音 [wú:nd]

F E A Fi 多
動 名 形 副 他

751

the science faculty

多義 例 mental faculties

そのソフトの最新**版**

多義 例「事態についての彼の説明」

F E A Fi 多
動 名 形 副 他

752

the average (　) span

歴史上**匹敵するもの**がない

F E A Fi 多
動 名 形 副 他

753

the moral dimension of science

多義

地平線に昇る月（**on**）

発音 [həráizn]
例「視野を広げる」

754

F **E** A Fi 多
動 **名** 形 副 他

the latest version of the software

多義 例 his version of events

理**学部**

多義 例「知的能力」

755

F **E** A Fi 多
動 **名** 形 副 他

have no parallel in history

平均**寿命**（life）

756

F **E** A Fi 多
動 **名** 形 副 他

the moon rising (　　) the horizon

発音？

例 broaden one's horizons

科学の道徳的**側面**

多義 「要素（= factor）」「次元」「(～ s) 大きさ，規模」

F E A Fi 多
動 名 形 副 他

757

friends and **acquaintances**

毒ガス

諺「ある人の食べ物が別の人には毒になる」(甲の薬は乙の毒)

F E A Fi 多
動 名 形 副 他

758

become a **burden** (　　) society

日本国憲法

F E A Fi 多
動 名 形 副 他

759

the scientific **basis** of his theory

多義 例 on a regular basis

企業の経営

多義 例「食品医薬品局」
「トランプ政権」

F E A Fi 多
動 名 形 副 他

760

poison gas

友人と**知人**

諺 One man's meat is another man's poison.

F E A Fi 多
動 名 形 副 他

761

the Constitution of Japan

社会の**重荷**になる（**on**）

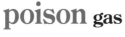

F E A Fi 多
動 名 形 副 他

762

business administration

彼の理論の科学的**根拠**

多義 例 the Food and Drug Administration
the Trump Administration

多義 例「規則的に」= way, manner

F E A Fi 多
動 名 形 副 他

763

a city full of **charm**

台湾との共同**事業**

例「未知の世界へ乗り出す」

F E A Fi 多
動 名 形 副 他

764

sense **organ**s

危険な**任務**を果たす

F E A Fi 多
動 名 形 副 他

765

the **prey** of the lion

事故に関する**調査**

多義 例「お問い合わせありがとうございます」

動 inquíre「～を質問する（= ask）」

766

a joint venture with Taiwan

魅力にあふれた都市

例 venture into the unknown

767

carry out a dangerous mission

感覚器官

768

an inquiry into the accident

ライオンのえじき

多義 例 Thank you for the inquiry.

動？

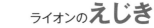

769

F E A Fi 多
動 名 形 副 他

the Academy **Award** (　　)
Best Picture

血液の**循環**を高める

多義 「流通」「発行部数」

770

F E A Fi 多
動 名 形 副 他

a long **strip** of paper

ビールを**日陰**に置く

A shadeは日陰の場所を言うが，shadowは光によってできる像としての影を言う。

771

F E A Fi 多
動 名 形 副 他

be in economic **distress**

アメリカ人に関する
型にはまったイメージ

772

increase blood circulation

多義

アカデミー最優秀作品**賞** (for)

F E A Fi 多
動 名 形 副 他

773

keep the beer in the shade

Q shadeとshadowはどう違う？

長い紙**切れ**

774

a stereotype of Americans

経済的**苦難**におちいる

 [əwɔ́ːrd]

775

F E A Fi 多
動 名 形 副 他

a lawyer and his **client**

社会の**慣習**に従う

多義 「しきたり」「(大規模な) 会議，大会」「協定」

776

F E A Fi 多
動 名 形 副 他

the factory's **output**

反？

金**鉱**を発見する

777

F E A Fi 多
動 名 形 副 他

praise the **Lord**

日本の伝統**工芸**

多義 「技術」「動～を巧みに作る」

778

F E A Fi 多
動 名 形 副 他

follow social **conventions**

多義

弁護士とその**依頼人**

779

F E A Fi 多
動 名 形 副 他

discover a gold **mine**

その工場の**生産高**

反 ínput「入力，インプット」

780

F E A Fi 多
動 名 形 副 他

a traditional Japanese **craft**

多義

神をたたえる

F **E** A Fi 多 動 **名** 形 副 他	781	
	the **core** (　) the problem	彼は**同僚**に人気だ
		多義 「動 じっと見る」
F **E** A Fi 多 動 **名** 形 副 他	782	
	have a **stroke**	血**管**
	多義	多義 「船」「器」
F **E** A Fi 多 動 **名** 形 副 他	783	
	America's last **frontier**	**障害**を持つ人々
		同 hándicap

784

He's popular with his **peers**.

多義

問題の**核心**（of）

785

blood **vessels**

多義

脳卒中になる

多義 「発作」「打撃，一撃」「字画，一筆」

786

people with **disabilities**

同？

アメリカ最後の**辺境**

787

F E A Fi 多
動 名 形 副 他

zero **gravity** in space

潮流に逆らって泳ぐ

諺「歳月人を待たず」

788

F E A Fi 多
動 名 形 副 他

a question of medical **ethics**

児童**虐待**

発音 [əbjúːs] 動 [əbjúːz]

789

F E A Fi 多
動 名 形 副 他

a railroad **terminal**

動？

Q terminal illnessの意味は？

彼を捨てたことに**罪の意識**を感じる

名 guilt「罪の意識；有罪」

790

swim against the tide

宇宙の無**重力**状態

諺 Time and tide wait for no man.

791

F E A Fi 多
動 名 形 副 他

child abuse

医学の**倫理**の問題

発音？

792

F E A Fi 多
動 名 形 副 他

feel guilty about leaving him

鉄道の**終点**

名？

動 términate「～を終わらせる；終わる」

A 「末期［命取り］の病気」

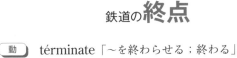

793

F E A Fi 多
動 名 形 副 他

be **vital** (　) human health

多義

彼の**年**収

794

F E A Fi 多
動 名 形 副 他

his **fellow** workers

車の運転に**慣れる** (to)

795

F E A Fi 多
動 名 形 副 他

contemporary Japanese society

アク?

着実な経済成長

同 cónstant

796

his annual income

人の健康に**きわめて重要だ**（to）

多義 「必要な」「活気のある」

797

F E A Fi 多
動 名 形 副 他

become accustomed (　) driving

彼の仕事**仲間**

798

F E A Fi 多
動 名 形 副 他

steady economic growth

同？

現代の日本社会

[kəntémpəreri]

799

very dull work

諺 All work and no play makes Jack a dull boy.

自然界の**微妙な**バランス

多義「繊細な，上品な；か弱い」
アク [délikət]

800

I'm keen (　) talk to him.

内科

反 extérnal「外部の，国外の」

801

wear loose clothes

発音?

気楽な服装をする

反 fórmal「形式ばった，堅苦しい」

802

the delicate balance of nature

とても**退屈な**仕事

諺「勉強ばかりで遊ばないとばかになる」

803

F E A Fi 多
動 名 形 副 他

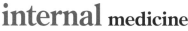

internal medicine

反？

私は彼と話を**したい**（to）

804

F E A Fi 多
動 名 形 副 他

wear casual clothes

反？

ゆったりとした服を着る

発音 [lú:s]

805

F E A Fi 多
動 名 形 副 他

mature adults

反？ 同？

過労で**疲れ切っている**

806

F E A Fi 多
動 名 形 副 他

give a **concrete** example

反？

全体的な計画の一部

807

F E A Fi 多
動 名 形 副 他

How **awful**!

きついジーンズ

動 tíghten「～を引き締める，きつくする」

808

be **exhausted** from overwork

成熟した大人

反 immatúre「未熟な，大人げない（= childish）」
同 ripe「熟した，円熟した」

809

F E A Fi 多
動 名 形 副 他

part of an **overall** plan

具体的な例をあげる

反 ábstract「抽象的な」

810

F E A Fi 多
動 名 形 副 他

tight jeans

なんて**ひどい**！

F **E** A Fi 多
動 名 **形** 副 他

811

the **prime** cause

親密な関係

発音 [íntəmət]

F **E** A Fi 多
動 名 **形** 副 他

812

a **genuine** interest in science

最小の努力

反 máximum「形 名 最大限（の）」

F **E** A Fi 多
動 名 **形** 副 他

813

a **modest** dress

高度なコンピュータ技術

多義 例 a quite modest number of books

814

F **E** A Fi 多
動 名 **形** 副 他

an intimate relationship

発音？

主要な原因

815

F **E** A Fi 多
動 名 **形** 副 他

minimum effort

反？

科学に対する**真の**関心

816

F **E** A Fi 多
動 名 **形** 副 他

sophisticated computer technology

控えめな服装

多義 例「わずかな数の本」

817

I have a dog and a cat.
(　) latter is bigger.

Q 「前者」は？

消極的な態度

反 áctive「活動的な，積極的な」

F E A Fi 多 動 名 形 副 他

818

a bitter experience

多義

異なる**民族**集団

819

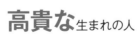

expressions peculiar (　)
English

Q The custom is peculiar (　) Japan.

高貴な生まれの人

発音 [nóubl]

F E A Fi 多
動 名 形 副 他

820

a **passive** attitude

反？

犬と猫を飼っているが，**後者**の方が大きい
(The)

A the former

F E A Fi 多
動 名 形 副 他

821

different **ethnic** groups

反？

苦い経験

多義 「つらい」「腹を立てた，いまいましい気持ちの」

F E A Fi 多
動 名 形 副 他

822

a person of **noble** birth

発音？

英語**特有の**表現 (to)

A to 「その習慣は日本独特のものだ」

823

F E A Fi 多
動 名 形 副 他

make a vain effort

Q He tried (　) vain to save her.

外来種

824

F E A Fi 多
動 名 形 副 他

blame innocent people

多義　反?

その問題に**関係がある**（to）

反　irrélevant「不適切な，無関係な」

825

F E A Fi 多
動 名 形 副 他

the underlying cause

彼の言葉を信じ**たい気がする**（to）

多義　例「うわさを本当だと受けとる傾向がある」

826

an alien species

むだな努力をする

A in「彼は彼女を助けようとしたがむだだった」

827

be relevant ( ) the question

反?

罪の無い人々を責める

多義「無罪の」「無邪気な，うぶな」

反 guílty「有罪の」

828

I am inclined ( ) believe him.

多義 例 be inclined to accept a rumor as true

根本的な原因

F E A Fi 多
動 名 形 副 他

829

an **awkward** silence

さわやかな飲み物

F E A Fi 多
動 名 形 副 他

830

That's a **brilliant** idea!

君の声が聞けて**とてもうれしい**

F E A Fi 多
動 名 形 副 他

831

a **desperate** attempt

彼女の**内なる**自分

反 outer「外の，中心から離れた」

832

a **refreshing** drink

気まずい沈黙

833

F E A Fi 多
動 名 形 副 他

I'm **thrilled** to hear your voice.

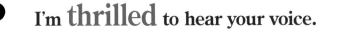

それは**すばらしい**アイディアだ！

834

her **inner** self

反？

必死の試み

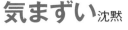

835

F E A Fi 多 / 動 名 形 副 他

be **consistent** (　　) the theory

反？

惨めな生活

836

F E A Fi 多 / 動 名 形 副 他

be written in **plain** English

相当な数の人々

多義 「多大な」「実質的な，重要な」

837

have **vivid** memories

彼女は読書が**大好きだ**（of）

838

a **miserable** life

理論と**一致する**（with）

反 inconsistent「矛盾した，一貫性のない」

839

F E A Fi 多
動 名 形 副 他

a **substantial** number of people

多義

平易な英語で書かれている

多義 「明白な，わかりやすい」「簡素な，無地の」「名 平野」

840

F E A Fi 多
動 名 形 副 他

She is very **fond** (　　) reading.

鮮やかな思い出がある

841

True or **false**?

彼女は料理をしていた。**その間**，私は酒を飲んでいた。

842

a **lazy** student

完全に消滅する

843

precisely at noon

最近彼に会いましたか

844

She was cooking.
Meanwhile, I was drinking.

正しいか**まちがい**か

F E A Fi 多
動 名 形 副 他

845

disappear **altogether**

怠惰な学生

F E A Fi 多
動 名 形 副 他

846

Have you seen him **lately**?

ちょうど正午に

F E A Fi 多
動 名 形 副 他

847

barely survive the war

彼を**わざと**無視する

アク [dilíbərətli]
同熟 on purpose「わざと」

F E A Fi 多
動 名 形 副 他

848

I could scarcely believe it.

Q We (　) scarcely reached the station when the train left.

水面**下で**

849

You're an adult, so act accordingly.

イギリス人は「リフト」と言う**が**,
アメリカ人は「エレベータ」と言う

850

deliberately ignore him

アク？ 同熟？

かろうじて戦争を生き延びる

851

beneath the surface of the water

ほとんど信じられなかった

A had 「私たちが駅に着くとすぐに，列車は出発した」過去完了形に注意。

852

F E A Fi 多
動 名 形 副 接

The British say "lift," **whereas** Americans say "elevator."

君は大人なのだから
それ相応に行動しなさい

853

declare independence from Britain

食べ物をエネルギーに**変える**（into）

名 transformátion「変形，変化」

854

alter the pattern of behavior

発音？

チャンピオンを**打ち負かす**

A Brazil defeated Italy. が正しい。〈win + 試合・賞〉なら可。 ex. He won the match [first prize].

855

Problems **arise** (　) carelessness.

Q 過去・過去分詞形は？

失敗の原因を**調査する**

同熟 look into

856

transform **food ( ) energy**

名？

イギリスからの独立を**宣言する**

857

F E A Fi 多
動 名 形 副 他

defeat **the champion**

Q Brazil won Italy. の誤りは？

行動パターンを**変える**

発音 [ɔ́ːltər]

858

F E A Fi 多
動 名 形 副 他

investigate **the cause of the failure**

同熟？

不注意から問題が**生じる**（**from**）

A arose; arisen

F E A Fi 多
動 名 形 副 他

859

distinguish a lie (　　) the truth

この問題はしばしば**起こる**

名？　形？ (3つ)

名　occúrrence「出来事；起こること」

F E A Fi 多
動 名 形 副 他

860

bury treasure

困難な仕事を**やりとげる**

発音？

同　achíeve, attáin

861

cope (　　) problems

質問するのを**ためらう**な (**to**)

862

This problem often occurs.

名?

うそと真実を**見分ける**（from）

名 distínction「区別」

形 distínct「はっきりした；全く異なる」

distínctive「独特の」 distínguished「著名な」

863

accomplish the difficult task

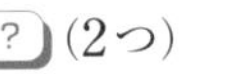

同?（2つ）

宝物を**埋める**

発音 [béri]

864

Don't hesitate (　　) ask questions.

問題に**うまく対処する**（with）

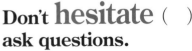

865

endure great pain

同？（2つ） 同熟？

世界経済を**支配する**

866

conclude that he is OK

ダーウィンの理論を**裏づける**

867

F E A Fi 多
動 名 形 副 他

guarantee your success

アク？

笑顔で人に**あいさつする**

868

dominate the world economy

ひどい苦痛に**耐える**

同 stand, bear

同熟 put up with

F E A Fi 多
動 名 形 副 他

869

confirm Darwin's theory

彼は大丈夫だと**結論づける**

F E A Fi 多
動 名 形 副 他

870

greet people with a smile

君の成功を**保証する**

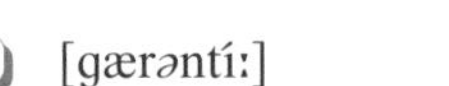

アク [gærəntíː]

F E A Fi 多 動 名 形 副 他

871

entertain the audience

生でコンサートを**放送する**

名？

872

defend ourselves (　　) attack

愛のためすべてを**犠牲にする**

873

forbid him (　　) go out

その罪で彼を**罰する**（for）

反？（2つ）

F E A Fi 多 / 動 名 形 副 他

874

broadcast the concert live

観客を**楽しませる**

名 entertáinment「娯楽，興行，催し物」

F E A Fi 多 / 動 名 形 副 他

875

sacrifice everything for love

攻撃から自分たちを**守る**（**against**）

F E A Fi 多 / 動 名 形 副 他

876

punish him (　　) the crime

彼の外出を**禁じる**（**to**）

反 allów, permít

F E A Fi 多
動 名 形 副 他

877

glance ( ) the clock

沈む船から逃げる

F E A Fi 多
動 名 形 副 他

878

retain the world title

火事で人を**救助する**

F E A Fi 多
動 名 形 副 他

879

calculate the cost

彼に帰って来てと**乞う**（to）

880

leave a **sinking** ship

時計を**ちらりと見る**（at）

881

F E A Fi 多
動 名 形 副 他

rescue a man from a fire

世界タイトルを**保持する**

882

F E A Fi 多
動 名 形 副 他

beg him（　）come back

コストを**計算する**

F E A Fi 多
動 名 形 副 他

883

define a day (　　)
twenty-four hours

名？ 形？ (2つ)

生命を**維持する**ためのエネルギー

884

It is easy to **deceive** people.

その土地を**購入する**

アク [pə́ːrtʃəs]

885

convey information

戦争の記憶が**薄れる**（**away**）

886

energy to sustain life

1日を24時間と**定義する**（as）

名 definítion「定義」

形 définite「明確な，限定された」

defíning「典型的な」

F E A Fi 多
動 名 形 副 他

887

purchase the land

アク？

人を**だます**のは簡単だ

発音 [disíːv]

同熟 take in

F E A Fi 多
動 名 形 副 他

888

Memories of the war fade (　　).

情報を**伝える**

889

F E A Fi 多 / 動 名 形 副 他

regulate traffic

友達と**おしゃべりする**（with）

890

F E A Fi 多 / 動 名 形 副 他

distribute food equally

アク?

需要が供給を**超える**

891

enhance the quality of life

テーブルを**ふく**

892

chat (　　) **friends**

交通を**規制する**

893

F E A Fi 多
動 名 形 副 他

Demand exceeds supply.

平等に食料を**分配する**

アク [distríbjuːt]

894

F E A Fi 多
動 名 形 副 他

wipe the table

生活の質を**向上させる**

895

F E A Fi 多
動 名 形 副 他

cooperate ( ) each other

跳ぶ前によく見よ

896

F E A Fi 多
動 名 形 副 他

inherit genes ( ) our parents

名？

魚の大きさを**誇張する**

897

F E A Fi 多
動 名 形 副 他

unite the Arab world

世界を**征服する**

発音 [káŋkər]
名 cónquest [kánkwest]「征服」

898

Look before you leap.

お互いに**協力する**（with）

899

F E A Fi 多 / 動 名 形 副 他

exaggerate the size of the fish

親から遺伝子を**受け継ぐ**（from）

名 inhéritance「継承，遺伝，遺産」

900

F E A Fi 多 / 動 名 形 副 他

conquer the world

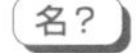

アラブ世界を**団結させる**

901

The snow will **melt** soon.

床におもちゃを**ばらまく**

902

invade Poland

大きな変化を**経験する**

903

modify the plan

オンライン情報を**評価する**

904

scatter toys on the floor

雪は間もなく**溶ける**だろう

905

F E A Fi 多
動 名 形 副 他

undergo great changes

ポーランドに**侵入する**

906

F E A Fi 多
動 名 形 副 他

evaluate online information

計画を**修正する**

名 modificátion「修正，変更」

907

bend down to pick up the can

星を**見つめる**（at）

同 stare

908

F E A Fi 多
動 名 形 副 他

The word **derive**s（　）Latin.

病気の子供のために**祈る**

名 práyer「祈り（のことば）」

909

a girl **screaming** for help

靴を**磨く**

910

gaze (　　) the stars

同？

カンを拾おうと**身をかがめる**

911

F E A Fi 多
動 名 形 副 他

pray for a sick child

名？

その単語はラテン語に**由来する**（from）

912

F E A Fi 多
動 名 形 副 他

polish the shoes

助けを求め**悲鳴をあげる**少女

913

classify man (　) an animal

紙を**折りたたむ**

914

assert that it is impossible

床を**掃く**

例「コレラがその地域で急速に広まった」

915

grab him by the arm

彼女の耳に**ささやく**

916

fold a piece of paper

人間を動物として**分類する**（as）

917

F E A Fi 多
動 名 形 副 他

sweep the floor

例 Cholera swept through the area.

それは不可能だと**主張する**

918

F E A Fi 多
動 名 形 副 他

whisper in her ear

彼の腕を**つかむ**

919

F E A Fi 多
動 名 形 副 他

imitate **human behavior**

アク？ 同？

ストレスを**取り除く**（of）

920

F E A Fi 多
動 名 形 副 他

stop and **stare**（　　）**her**

グラスにワインを**注ぐ**

発音 [pɔ́ːr]

921

F E A Fi 多
動 名 形 副 他

emphasize **the importance of health**

名？

視界から**消える**

922

get **rid** (　　) stress

人間の行動を**まねる**

アク [íməteit]

同 mímic「～をまねる，物まねをする」

923

F E A Fi 多 動 名 形 副 他

pour wine into the glass

発音？

立ち止まって彼女を**じっと見る**（at）

924

F E A Fi 多 動 名 形 副 他

vanish from sight

健康の大切さを**強調する**

名 émphasis「強調」

F E A Fi 多 / 動 名 形 副 他

925

restore the old building

国際**会議**

F E A Fi 多 / 動 名 形 副 他

926

deserve (　) be punished

アメリカ**大陸**を横断する

927

a space science **laboratory**

国民健康**保険**

動 insúre「①〜に保険をかける
②〜を確実にする（= ensure）」

928

an international **conference**

古い建物を**修復する**

F E A Fi 多
動 名 形 副 他

929

cross the American **continent**

罰を受けて**当然だ**（to）

F E A Fi 多
動 名 形 副 他

930

national health **insurance**

宇宙科学**研究所**

動？

931

the **crew** of the space shuttle

国際**情勢**

F E A Fi 多
動 名 形 副 他

932

live in **poverty**

その規則の唯一の**例外**（to）

形 excéptional「特に優れた，例外的な」

F E A Fi 多
動 名 形 副 他

933

water **shortage**

安い**賃金**で働く（low）

934

F E A Fi 多
動 名 形 副 他

international **affairs**

スペースシャトルの**乗組員たち**

935

F E A Fi 多
動 名 形 副 他

the only **exception** (　)
the rule

形?

貧乏な生活をする

936

F E A Fi 多
動 名 形 副 他

work for (　) **wages**

水**不足**

937

knowledge and wisdom

形？

言葉の**壁**

アク [bǽriər]

F E A Fi 多
動 名 形 副 他

938

pay taxes (　　) the land

同じ**範ちゅう**に属する

F E A Fi 多
動 名 形 副 他

939

human evolution

動？

社会の**単位**としての家族

940

the language **barrier**

アク？

知識と**知恵**

形 wise「賢い，賢明な」

941

fall into the same **category**

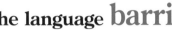

その土地にかかる**税金**を払う（**on**）

942

the family as a social **unit**

人類の**進化**

動 evólve「進化する」

943

the restaurant's reputation

犠牲者に**同情**する（**for**）

同　compássion「同情」

動　sýmpathize「同情する，賛同する（= agree）」

944

the virtue of hard work

反？

労働**組合**

945

have the courage (　　) tell the truth

動？　形？

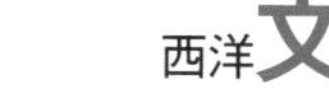

西洋**文明**

946 F E A Fi 多 / 動 名 形 副 他

feel sympathy (　) the victim

同？ 動？

そのレストランの**評判**

947 F E A Fi 多 / 動 名 形 副 他

a labor union

勤勉の**美徳**

反 vice「悪徳」

948 F E A Fi 多 / 動 名 形 副 他

Western civilization

真実を話す**勇気**を持つ（to）

動 encóurage「～をはげます，促進する」

形 courágeous「勇敢な」

949

a 10,000-**volume** library

国際**紛争**を解決する（settle）

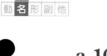

950

cherry **blossom**s

日本の**観光**産業

951

the beginning of a new **era**

人類の歴史

952

( ) international **disputes**

蔵書1万**冊**の図書館

アク [válju(:)m]

F E A Fi 多 動 名 形 副 他

953

the **tourism** industry in Japan

サクラの**花**

F E A Fi 多 動 名 形 副 他

954

the history of **mankind**

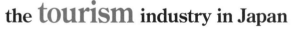

新しい**時代**の始まり

955

mass murder

おとぎ**話**をする (**fairy**)

956

landscape painting

政治**改革**

A remodel [remake; renovate] a house。reform は政治や制度の改革に使う言葉で,「リフォーム」の意味では使わない。

F E A Fi 多
動 名 形 副 他

957

reach the final destination

筋肉と骨

958

tell a (　) **tale**

大量**殺人**

959

F E A Fi 多
動 名 形 副 他

political **reform**

Q 「家をリフォームする」は？

風景画

960

F E A Fi 多
動 名 形 副 他

muscles and bones

最終**目的地**に着く

961 F E A Fi 多 / 動 名 形 副 他

future **prospects**

妻との**口論**（with）

962 F E A Fi 多 / 動 名 形 副 他

run a large **corporation**

知的**職業**

963 F E A Fi 多 / 動 名 形 副 他

a former British **colony**

日本文化のユニークな**側面**（of）

アク [ǽspekt]

964

a **quarrel** (　) my wife

将来の**見通し**

965

F E A Fi 多
動 名 形 副 他

an intellectual **profession**

大**企業**を経営する

966

F E A Fi 多
動 名 形 副 他

unique **aspects** (　) Japanese culture

元イギリスの**植民地**

F **E** A Fi 多
動 **名** 形 副 他

967

a three-minute **pause**

経済的**繁栄**

F **E** A Fi 多
動 **名** 形 副 他

968

the **conflict** (　　) the two sides

音楽の**天才**

発音 [dʒíːnjəs]

F **E** A Fi 多
動 **名** 形 副 他

969

white **privilege**

カボチャの**種**をまく

970

economic **prosperity**

3分間の**休止**

F E A Fi 多
動 名 形 副 他

971

a musical **genius**

発音？

その両者間の**対立**（between）

F E A Fi 多
動 名 形 副 他

972

plant pumpkin **seeds**

白人の**特権**

F E A Fi 多
動 名 形 副 他

973

symptoms of a cold

その謎を解く**手がかり**（**to**）

F E A Fi 多
動 名 形 副 他

974

his greatest merit

反？

いかなる**状況**においても（**under**）

アク [sə́ːrkəmstænsiz]

F E A Fi 多
動 名 形 副 他

975

destroy the ozone layer

その都市の商業**地区**

976

a **clue** (　) the mystery

カゼの**症状**

977

F E A Fi 多
動 名 形 副 他

(　) any **circumstances**

彼の最大の**長所**

アク?

反 demérit「欠点，短所」

978

F E A Fi 多
動 名 形 副 他

the city's business **district**

オゾン**層**を破壊する

F E A Fi 多
動 名 形 副 他

979

spend two years in **prison**

同?

強い**正義**感

動 jústify「～を正当化する」

F E A Fi 多
動 名 形 副 他

980

my traveling **companion**

チェックインの**手続き**

F E A Fi 多
動 名 形 副 他

981

chief **executive** officer

太陽**光線**

982 

a strong sense of **justice**

動？

刑務所で2年過ごす

同 jail

983

the check-in **procedure**

私の旅行仲間

984

the sun's **rays**

最高経営責任者（CEO）

985

F E A Fi 多
動 名 形 副 他

go to **heaven**

反？

資金不足

986

F E A Fi 多
動 名 形 副 他

lead a life of **luxury**

形？

その本の**主題**

発音 [θíːm]

987

F E A Fi 多
動 名 形 副 他

oxygen in the air

二国間の**境界**（between）

988 F E A Fi 多 / 動 名 形 副 他

lack of **funds**

天国に昇る

反 hell「地獄」

989 F E A Fi 多 / 動 名 形 副 他

the **theme** of the book

発音？

ぜいたくな生活を送る

形 luxúrious「豪華な，一流好みの」

990 F E A Fi 多 / 動 名 形 副 他

the **boundary** (　　) two countries

空気中の**酸素**

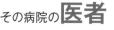

991

his ambition ( ) be a writer

形？

重**労働**を行う

形 labórious「骨の折れる，困難な」

F E A Fi 多
動 名 形 副 他

992

the weather forecast

国際オリンピック**委員会**（IOC）

アク [kəmíti:]

F E A Fi 多
動 名 形 副 他

993

study social psychology

発音？

その病院の**医者**

994

F E A Fi 多
動 名 形 副 他

do hard **labor**

形？

作家になりたいという彼の**熱望**（**to**）

形 ambítious「野心的な，熱望している（+ to V, + for）」

995

F E A Fi 多
動 名 形 副 他

the International Olympic **Committee**

アク？

天気**予報**

996

F E A Fi 多
動 名 形 副 他

a **physician** at the hospital

社会**心理学**を研究する

発音 [saikálədʒi]

F E A Fi 多
動 名 形 副 他

997

his **philosophy** of life

原子**爆弾**

発音 [bám]

F E A Fi 多
動 名 形 副 他

998

a deep **affection** (　　) animals

安全を最**優先**する

F E A Fi 多
動 名 形 副 他

999

a **candidate** (　　) President

コミュニケーションの**障害** (to)

1000

F E A Fi 多
動 名 形 副 他

an atomic **bomb**

発音？

彼の人生**哲学**

1001

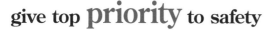

F E A Fi 多
動 名 形 副 他

give top **priority** to safety

動物への深い**愛情**（for）

1002

F E A Fi 多
動 名 形 副 他

an **obstacle** (　　) communication

大統領**候補**（for）

F E A Fi 多
動 名 形 副 他

1003

have no **appetite**

防衛**予算**を削減する

F E A Fi 多
動 名 形 副 他

1004

relieve **tension**

観光を促進する**運動**（to）

形？

F E A Fi 多
動 名 形 副 他

1005

a Native American **tribe**

喜びと**悲しみ**

1006

cut the defense budget

食欲がない

1007

F E A Fi 多
動 名 形 副 他

the campaign (　　)
promote tourism

緊張を緩和する

形 tense「緊張した；張りつめた　名 時制」

1008

F E A Fi 多
動 名 形 副 他

joy and sorrow

アメリカ先住民の部族

1009

a communications satellite

世界の**運命**を決定する

形 fátal「致命的な（= deadly）」

1010

a deep insight (　) life

パイロットの訓練**計画**

発音 [skíːm]

1011

have a bad cough

発音?

女性に対する**侮辱**

アク 名[ínsʌlt]　動[insʌ́lt]「～を侮辱する」

1012

F E A Fi 多 / 動 名 形 副 他

decide the **fate** of the world

形？

通信**衛星**

1013

F E A Fi 多 / 動 名 形 副 他

a training **scheme** for pilots

発音？

人生に対する深い**洞察**（into）

1014

F E A Fi 多 / 動 名 形 副 他

an **insult** to women

アク？

ひどい**せき**が出る

発音 [kɔ́(ː)f]

F **E** A Fi 多
動 **名** 形 副 他

1015

the inhabitants ( )
the country

動？

人間の闘争**本能**

アク [ínstiŋkt]

F **E** A Fi 多
動 **名** 形 副 他

1016

burn fossil ( )

ロビン・フッドの**伝説**

F **E** A Fi 多
動 **名** 形 副 他

1017

the motive for the crime

動？

ローマ**帝国**

アク [émpaiər]

1018

human **instinct** to fight

アク?

その国の**住民**（of）

動 inhábit「～に住む（= live in）」

1019

F E A Fi 多
動 名 形 副 他

the **legend** of Robin Hood

化石燃料を燃やす（fuels）

1020

F E A Fi 多
動 名 形 副 他

the Roman **Empire**

アク?

犯罪の**動機**

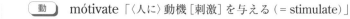

動 mótivate「〈人に〉動機［刺激］を与える（= stimulate）」

1021

live in the **suburbs** of London

がんの治療

F E A Fi 多
動 名 形 副 他

1022

study modern **architecture**

発音？

彼を**論理**で説得する

F E A Fi 多
動 名 形 副 他

1023

love and **passion**

2**ダース**の卵

1024

the treatment of **cancer**

ロンドンの**郊外**に住む

F E A Fi 多
動 名 形 副 他

1025

persuade him with **logic**

近代**建築**を学ぶ

発音 [ɑ́ːrkitektʃər]

F E A Fi 多
動 名 形 副 他

1026

two **dozen** eggs

愛と**情熱**

1027

a good **harvest** of rice

コロンブスの最初の**航海**

1028

the **ingredient**s of the cake

ファッション雑誌の**編集長**

1029

test the **hypothesis**

選択の自由がない

形 óptional「随意の，自由に選択できる」（⇔compulsory 形 義務的な）

1030

the first voyage of Columbus

米の豊かな**収穫**

1031

the editor of a fashion magazine

ケーキの**材料**

1032

have no option

仮説を検証する

1033

the southern hemisphere

ギリシャ悲劇

反 cómedy「喜劇」

1034

動 名 形 副 他

the mechanism of a clock

アク?

抗生物質に対する耐性

1035

Anthropologists study people.

バスの運賃を払う

1036

Greek **tragedy**

反？

南**半球**

F **E** A Fi 多
動 **名** 形 副 他

1037

resistance to **antibiotics**

時計の**仕組み**

アク [mékənizm]

F **E** A Fi 多
動 **名** 形 副 他

1038

pay the bus **fare**

人類学者は人間を研究する

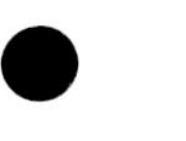

1039

pay the debt

発音？

小麦とコーンを植える

1040

the high school curriculum

現代英語の語法

1041

the components of the body

砂の城

1042

plant  **wheat** and corn

借金を返す

発音 [dét]

1043

modern English **usage**

高校の**教育課程**

1044

a sand  **castle**

人体の**構成要素**

F E A Fi 多 動 名 形 副 他

1045

a terrible famine in Africa

イギリスの**民族**音楽

発音 [fóuk]

F E A Fi 多 動 名 形 副 他

1046

animals in danger of extinction

人口**爆発**

動 explóde「爆発する（= blow up, go off）; ～を爆発させる」

1047

take money out of the purse

給料の大**部分**（**of**）

1048

English <u>fol</u>**k** music

発音？

アフリカのひどい**飢饉**(ききん)

1049

F E A Fi 多
動 名 形 副 他

the population **explosion**

動？

絶滅の危機にある動物たち

1050

F E A Fi 多
動 名 形 副 他

a large **portion** (　　)
your salary

財布からお金を取り出す

1051

marine organisms

日常生活の小さな出来事

1052

The Merchant of Venice

野生生物を保護する

1053

ancient Greek myths

合衆国議会

1054

the small **incidents** of everyday life

海洋**生物**

1055

F E A Fi 多
動 名 形 副 他

protect **wildlife**

ヴェニスの**商人**

1056

F E A Fi 多
動 名 形 副 他

the United States **Congress**

古代ギリシャの**神話**

1057

a boat in Tokyo Bay

同？

アメリカの文化的**多様性**

同 variety
形 divérse「多様な（= various）」

1058

the death penalty

私の左手の**親指**

発音 [θʌ́m]

1059

Japanese cultural heritage

歴史と**地理**

1060

American cultural **diversity**

東京**湾**に浮かぶ船

gulf

1061

the **thumb** of my left hand

死**刑**

1062

history and **geography**

日本の文化**遺産**

F E A Fi 多
動 名 形 副 他

1063

an important **factor** (　　) success

自由の女神**像**

F E A Fi 多
動 名 形 副 他

1064

discrimination (　　) women

教会の**神父**

F E A Fi 多
動 名 形 副 他

1065

the flu **virus**

ロックンロールの**先駆者**

発音？

アク [paiəníər]

1066

the 

of Liberty

成功の重要な**要因**（**in**）

1067

F E A Fi 多
動 名 形 副 他

a **priest** in the church

女性に対する**差別**（**against**）

1068

F E A Fi 多
動 名 形 副 他

a rock'n'roll **pioneer**

アク？

インフルエンザ**ウイルス**

発音 [váiərəs]

F E A Fi 多
動 名 形 副 他

1069

personality **traits**

彼の**秘書**の机

F E A Fi 多
動 名 形 副 他

1070

strong family **bonds**

地元の**方言**を話す

F E A Fi 多
動 名 形 副 他

1071

go to the **grocery** store

ガリレオの**天文学**

1072

his **secretary**'s desk

人格の**特徴**

F E A Fi 多
動 名 形 副 他

1073

speak the local **dialect**

家族の強い**きずな**

F E A Fi 多
動 名 形 副 他

1074

Galileo's **astronomy**

食料品店に行く

F E A Fi 多
動 名 形 副 他

1075

today's youngsters

イギリスの軍事戦略

F E A Fi 多
動 名 形 副 他

1076

a dangerous substance

彼の心臓と肺

F E A Fi 多
動 名 形 副 他

1077

recent research findings

敵を倒す

1078

British military **strategy**

今日の**子供**たち

F E A Fi 多
動 名 形 副 他

1079

his heart and **lungs**

危険な**物質**

F E A Fi 多
動 名 形 副 他

1080

beat an **opponent**

最近の研究による**発見**

F E A Fi 多
動 名 形 副 他

1081

a religious **ritual**

クジラなどの海の**哺乳類**

F E A Fi 多
動 名 形 副 他

1082

the **outcome** of the race

NASAの宇宙**望遠鏡**

F E A Fi 多
動 名 形 副 他

1083

conservation groups

パレスチナの**難民**キャンプ

1084

whales and other sea **mammals**

宗教的な**儀式**

F E A Fi 多
動 名 形 副 他

1085

NASA's space **telescope**

レースの**結果**

F E A Fi 多
動 名 形 副 他

1086

refugee camps in Palestine

環境保護団体

F E A Fi 多 / 動 名 形 副 他

1087

a strict dress code

24時間**看護**

F E A Fi 多 / 動 名 形 副 他

1088

the flavor of fresh fruit

自殺をする

A kill oneself

F E A Fi 多 / 動 名 形 副 他

1089

the particles of light

クマの自然**生息地**

1090

24-hour nursing

厳しい服装**規則**

1091

F E A Fi 多
動 名 形 副 他

commit suicide

Q commit suicide = (　　　) (　　　)

新鮮なフルーツの**風味**

1092

F E A Fi 多
動 名 形 副 他

the natural habitat of bears

光の**粒子**

F E A Fi 多
動 名 形 副 他

1093

bullying in schools

年齢と**性別**

F E A Fi 多
動 名 形 副 他

1094

Dinosaurs died out.

心臓切開**手術**を受ける

F E A Fi 多
動 名 形 副 他

1095

the New York City **Council**

技術**革新**

1096

age and **gender**

学校の**いじめ**

F E A Fi 多
動 名 形 副 他

1097

have open heart **surgery**

恐竜は絶滅した

F E A Fi 多
動 名 形 副 他

1098

technological **innovation**

ニューヨーク市**議会**

F E A Fi 多
動 名 形 副 他

1099

high-**protein** food

温室効果ガスの**排出**

F E A Fi 多
動 名 形 副 他

1100

enough sleep and **nutrition**

猿と**類人猿**

F E A Fi 多
動 名 形 副 他

1101

prepare for natural **disaster**

1つのDNA**分子**

1102

greenhouse gas **emissions**

高**タンパク質**の食べ物

1103

F E A Fi 多
動 名 形 副 他

monkeys and **apes**

十分な睡眠と**栄養**

1104

F E A Fi 多
動 名 形 副 他

a single DNA **molecule**

自然**災害**に備える

F E A Fi 多
動 名 形 副 他

1105

the smell of sweat

発音？

私の指の**先**

F E A Fi 多
動 名 形 副 他

1106

a heart transplant operation

羊と**牛**を育てる

F E A Fi 多
動 名 形 副 他

1107

many species of birds

高い人口**密度**

1108

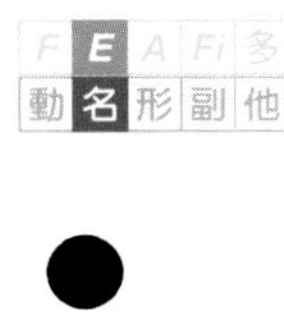

the **tip** of my finger

汗の臭い

 [swét]

1109

F E A Fi 多
動 名 形 副 他

raise sheep and **cattle**

心臓**移植**の手術

1110

F E A Fi 多
動 名 形 副 他

high population **density**

多くの**種**の鳥

発音 [spíːʃiːz]

F E A Fi 多
動 名 形 副 他

1111

the **concept** (　　) time

会社に**忠実な**労働者（to）

名 lóyalty「忠誠，誠実」
A「国王の」

F E A Fi 多
動 名 形 副 他

1112

You look **pale.**

世界から**孤立している**（from）

F E A Fi 多
動 名 形 副 他

1113

precious jewels

気前のよい申し出

1114

a worker **loyal** (　) the company

名？

Q　royalの意味は？

時間の**概念**（of）

F E A Fi 多
動 名 形 副 他

1115

be **isolated** (　) the world

君は**青白い**顔をしている

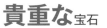

F E A Fi 多
動 名 形 副 他

1116

a **generous** offer

貴重な宝石

1117

F E A Fi 多 / 動 名 形 副 他

tropical rain forests

ロシアの**広大な**土地

例「大多数」

1118

F E A Fi 多 / 動 名 形 副 他

be **reluctant** (　) talk about the past

たくさんの種の鳥

1119

a **vague** feeling of uneasiness

発音?

小さな**田舎の**町に引っ越す

反 úrban「都会の，都市の」

1120

the vast land of Russia

例 the vast majority

熱帯雨林

1121

numerous species of birds

過去について話**したがらない**（to）

F E A Fi 多
動 名 形 副 他

1122

move to a small rural town

反？

漠然とした不安感

発音 [véig]

F E A Fi 多 動 名 形 副 他

1123

the **widespread** use of cell phones

生の肉を食べる

F E A Fi 多 動 名 形 副 他

1124

a **complicated** problem

アク?

へんぴな村に住む

F E A Fi 多 動 名 形 副 他

1125

make **visible** progress

緊急の行動を必要とする

名 úrgency「緊急（性）」

1126

eat  **raw** meat

広まっている携帯電話の利用

F E A Fi 多
動 名 形 副 他

1127

live in a **remote** village

複雑な問題

アク [kámpləkeitəd]

F E A Fi 多
動 名 形 副 他

1128

need **urgent** action

名？

目に見える進歩をとげる

1129

tell silly jokes

並はずれた才能の持ち主

反 órdinary「普通の，並みの」

動 名 形 副 他

1130

a striking contrast

おかしな2人

1131

provide adequate food

反？

抽象的な概念

反 cóncrete「具体的な」

1132

a man of extraordinary talent

反?

ばかな冗談を言う

F E A Fi 多
動 名 形 副 他

1133

the odd couple

いちじるしい対照

F E A Fi 多
動 名 形 副 他

1134

an abstract concept

十分な食料を供給する

反 inádequate「不十分な；不適切な」

F E A Fi 多
動 名 形 副 他

1135

mutual understanding

とてつもない量のエネルギー

F E A Fi 多
動 名 形 副 他

1136

excessive use of alcohol

名？ 動？

変化は**避けられない**

F E A Fi 多
動 名 形 副 他

1137

I'm **ashamed** (　　) myself.

純金

1138

a tremendous amount of energy

相互の理解

1139

F E A Fi 多
動 名 形 副 他

Change is inevitable.

過度のアルコール摂取

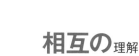

名 excéss「過剰，超過」
動 excéed「～を超える，～にまさる」

1140

F E A Fi 多
動 名 形 副 他

pure gold

自分が恥ずかしい (of)

F E A Fi 多
動 名 形 副 他

1141

a **stable** condition

究極の目標

F E A Fi 多
動 名 形 副 他

1142

be **indifferent** (　) politics

静かで**内気な**女の子

F E A Fi 多
動 名 形 副 他

1143

children's **aggressive** behavior

太陽エネルギー

1144

the **ultimate** goal

安定した状態

1145

a quiet, **shy** girl

政治に**無関心だ**（to）

F E A Fi 多
動 名 形 副 他

1146

solar energy

子供の**攻撃的な**行動

F E A Fi 多
動 名 形 副 他

1147

a **profound** meaning

勇敢な若い兵士

F E A Fi 多
動 名 形 副 他

1148

a **subtle** difference

強烈なプレッシャーを感じる

F E A Fi 多
動 名 形 副 他

1149

the **Conservative** Party

反?

ワインのような**アルコール**飲料

1150

a **brave** young soldier

深い意味

1151

F E A Fi 多
動 名 形 副 他

feel **intense** pressure

微妙な違い

1152

F E A Fi 多
動 名 形 副 他

alcoholic drinks like wine

保守党

反 progréssive「進歩的な」

1153

manual work

発達の**最初の**段階

アク [iníʃəl]

動 inítiate「～を始める，〈計画など〉に着手する」

1154

cruel treatment of animals

人体の**免疫**機構

1155

rational thought

反？

子供の**言語**能力

1156

the **initial** stages of development

アク？　動？

手を使う仕事（肉体労働）

1157

the body's **immune** system

動物に対する**残酷な**扱い

1158

F E A Fi 多
動 名 形 副 他

the **linguistic** ability of children

理性的な思考

反　irrátional「理性のない，分別のない」

F E A Fi 多
動 名 形 副 他

1159

play a **crucial** role

柔軟な考えを持っている

F E A Fi 多
動 名 形 副 他

1160

verbal communication

君の助けに**感謝している**（for）

反？

F E A Fi 多
動 名 形 副 他

1161

an **optimistic** view of the future

生き生きとした会話

反？ 名？（2つ）

発音 [láivli]

1162

have flexible thinking

重大な役割を果たす

F E A Fi 多 動 名 形 副 他

1163

I'm grateful (　　) your help.

言葉によるコミュニケーション

反 nonvérbal「言葉を用いない（ジェスチャーなど）」

1164

a lively conversation

将来に関する**楽観的な**見方

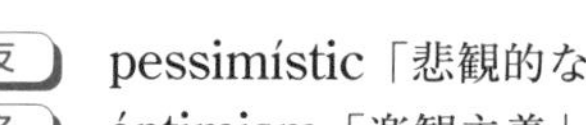

反 pessimístic「悲観的な」
名 óptimism「楽観主義」
óptimist「楽天家，楽観主義者」

1165

an overwhelming majority

動？

みにくいアヒルの子

発音 [ʌ́gli]

1166

an abundant supply of food

人種の違い

名 race「民族；競争」
rácism「人種差別，人種的偏見」

F E A Fi 多
動 名 形 副 他

1167

a selfish attitude

有名な科学者

1168

an <u>ugly</u> duckling

発音？

圧倒的な多数

動 overwhélm「～を圧倒する」

1169

racial differences

名？（2つ）

豊富な食料供給

1170

a prominent scientist

利己的な態度

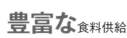

1171

a controversial social (　　)

架空の国

名?

1172

the Federal Government

想像力豊かな作家

F E A Fi 多
動 名 形 副 他

1173

a ridiculous error

想像しうるあらゆる困難

1174

an imaginary country

論議を呼ぶ社会問題（issue）

名 cóntroversy「論争」

F E A Fi 多
動 名 形 副 他

1174-2

an imaginative writer

連邦政府

F E A Fi 多
動 名 形 副 他

1174-3

every trouble imaginable

ばかげたまちがい

アク [ridíkjuləs]

1175

the harsh realities of life

最新の流行

反 out-of-date「時代遅れの，すたれた」

1176

a random choice

自由主義の政治

名 líberty「自由」

「(大学の) 教養科目」

1177

adolescent boys and girls

戦争より**前の**時代 (**to**)

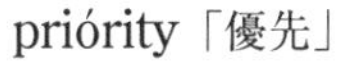

名 priórity「優先」

1178 

up-to-date fashions

厳しい人生の現実

反？

1179

liberal politics

無作為な選択

名？

◆ liberal arts

1180

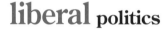

the period prior (　　) the war

思春期の少年少女

名？

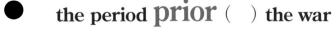

F E A Fi 多
動 名 形 副 他

1181

do moderate exercise

信じられない話

反? (2つ)

F E A Fi 多
動 名 形 副 他

1182

be fluent (　) English

根本的な変化

F E A Fi 多
動 名 形 副 他

1183

an elaborate system

酸性雨

1184

an incredible story

適度な運動をする

反 excéssive「過度の，度を越した」
extréme「極端な」

1185

F E A Fi 多
動 名 形 副 他

radical changes

英語が流ちょうだ（in）

1186

F E A Fi 多
動 名 形 副 他

acid rain

手の込んだシステム

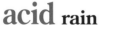

1187

sign language for deaf people

発音？

少しの疑いもなく

◆「全然…ない」(= not ... at all)

1188

a medieval castle

その事実を**知らない**（**of**）

名 ígnorance「無知」

1189

protect the ecological system

名？

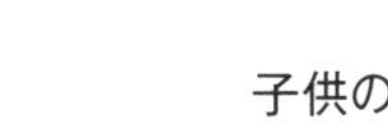

子供の**認知**能力

1190

without the slightest doubt

◆not ... in the slightest

耳が不自由な人のための手話

発音 [déf]

1191

be ignorant (　　) the fact

名？

中世の城

1192

children's cognitive abilities

生態系を保護する

名 ecólogy「①自然環境　②生態学」

1193

It's absolutely necessary.

単に運が悪いだけです

F E A Fi 多
動 名 形 副 他

1194

virtually every woman

そこには**文字通り**何もない

F E A Fi 多
動 名 形 副 他

1195

somewhat better than last year

その単語の**文字通りの**意味

F E A Fi 多 / 動 名 形 副 他

1196

It is **merely** bad luck.

絶対に必要だ

F E A Fi 多 / 動 名 形 副 他

1197

There's **literally** nothing there.

ほとんどすべての女性

F E A Fi 多 / 動 名 形 副 他

1197-2

the **literal** meaning of the word

去年より**多少**よい

1197-3

literary history

1197-4

literate people in India

1198

a **seemingly** impossible task

年齢に**関係なく**（of）

パーティを**徹底的に**楽しむ

発音 [θə́:rouli]

1199

F E A Fi 多 / 動 名 形 副 他

regardless (   ) age

文学の歴史

1200

F E A Fi 多 / 動 名 形 副 他

thoroughly enjoy the party

発音？

読み書きのできるインド人

F E A Fi 多 / 動 名 形 副 他

一見不可能な仕事

F E A Fi 多
動 名 形 副 他

F E A Fi 多
動 名 形 副 他

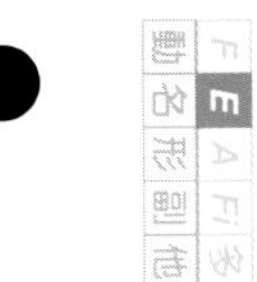